자신을 신뢰하라.
당신은 자신이 생각하는 것보다
더 많은 것을 알고 있다.

−벤자민 스폭 박사 Dr. Benjamin Spock

신뢰를 깊이 들여다보면
진리를 발견할 수 있다.

−제프리 지토머

누구를 신뢰하는가
왜 그를 신뢰하는가
당신을 신뢰하는 사람은 누구인가
그는 왜 당신을 신뢰하는가
신뢰는 어떻게 얻는가
어떻게 해야 신뢰받는 사람이 되는가
신뢰는 어떻게 잃는가
왜 신뢰를 잃는가
신뢰는 다시 회복할 수 있는가
비즈니스 관계에서 신뢰는 얼마나 중요한가
개인 관계에서 신뢰는 얼마나 중요한가

정답들이 이 책 안에 있다.

LITTLE TEAL BOOK

OF **TRUST**

제프리 지토머의 **5**

SALES MENTORING

비즈니스는 신뢰다

초판 1쇄 인쇄 2013년 5월 31일
초판 1쇄 발행 2013년 6월 5일

지은이 제프리 지토머
옮긴이 신소영
펴낸이 양동현
펴낸곳 아카데미북
　　　　출판등록 제13-493호
　　　　주소 136-034, 서울 성북구 동소문로13가길 27번지
　　　　전화 02) 927-2345 팩스 02) 927-3199

ISBN 978-89-5681-113-0(세트) 14320
ISBN 978-89-5681-119-2　　　 14320

www.iacademybook.com

이 도서의 국립중앙도서관 출판시 도서목록(CIP)은
e-CIP홈페이지(http://www.nl.go.kr/ecip)와 국가자료공동목록시스템(http://www.nl.go.kr/kolisnet)에서
이용하실 수 있습니다. CIP제어번호 : CIP2013006854

제프리 지토머의 **5**
SALES MENTORING

비즈니스는 신뢰다

제프리 지토머 지음 · 신소영 옮김

아카데미북

저를
믿어 보세요

"저를 믿어 보세요."라는 말을 수천 번을 했는데도 불구하고 이 말을 계속하게 되는 이유는 다른 사람들이 당신을 믿지 않기 때문이다.

신뢰는 부탁하는 것이 아니다. 신뢰는 얻는 것이다.
신뢰는 말로 아는 것이 아니다. 신뢰는 느끼는 것이다.

사람들은 왜 신뢰를 얻으려고 할까? 신뢰를 추구하는 사람이라면 '신뢰'가 'Yes!'의 비결임을 알기 때문이다. 당신이 누군가의 신뢰를 간절히 얻고자 했던 때를 생각해 보자. 무엇을 먹을지, 무슨 영화를 볼지 결정하는 것처럼 깊이 생각하지 않아도 되는 상황이었을 수도 있고, 가전제품을 구입하거나 부동산 거래를 하는 것처럼 신중해야 하는 순간이었을 수도 있다. 아니면 그 사람의 신뢰를 얻어 남들보다 더 유리한 위치를 차지하고자 하는 중대한 순간이었을 수도 있다. 하지만 어느 누구도 당신의 의견에 동의하지 않아서 당신은 자신의 결정이 최선이라고 생각했을 것이다. 아니면 당신의 아이디어가 최고라고 생각했기 때문에 그 즉시 사람들에게 자신을 믿어 달라고 말했을 것이다.

"이번만큼은 저를 믿어 보세요."

이렇게 말했을 때, 사람들의 반응은 당신에 대한 신뢰에 따라 처음부터 이미 결정되어 있다. 부탁을 청하는 사람들을 잘 알고 있거나, 과거에 당신이 꽤 유명했던 인물이라면 그들이 당신의 말을 믿을 가능성은 높아진다. 하지만 만난 적도 없고 가벼운 친분만 있는 정도라면 당신에 대한 신

"'저를 믿어 보세요', 라고
말하기 전까지는 당신을 믿었지요!"

뢰는 그리 높지 않을 것이다.

여기서 중요한 것은 신뢰의 느낌이다. 당신을 신뢰해 달라고 사람들에게 부탁할 수는 있지만 신뢰를 느끼지 못하면 결코 신뢰를 얻을 수 없다.

당신을 왜 믿어야 하나?

내 고객들이 있는 노스이스트Northeast, 미국 메릴랜드 주에 있는 타운 지역 사람들의 학력이 높아지면서 그들의 신뢰를 얻기가 어려워졌다. 나는 신뢰가 그렇게 중요한 것인지 예전에는 알지 못했다. 신뢰가 부족한 것은 내 생활 방식 때문이지 신뢰를 얻지 못해서 나에 대한 신뢰가 없는 것이라고는 생각하지 못했다.

하지만 사람들과 관계를 형성해 나가고, 그 관계에 대해 곰곰이 생각하고, 직장을 옮기면서 알게 되었다. 모든 사람들, 모든 기업과의 관계를 장기적이며 성공적으로 만들기 위해서 가장 중요한 요소가 신뢰라는 것을 깨달았다.

"당신을 왜 믿어야 하지요?"라는 질문에 대한 답변은 간단하다. 신뢰가 있으면 어느 사람이건 만날 수 있고, 관계를 만들어 나가는 데 도움이 된다. 신뢰가 깊어지면 더 넓은 인간관계를 형성할 수 있다.

신뢰가 없는 사람들 사이에서도 타협만 한다면 관계를 형성할 수 있다. 자신의 이해관계에 따라 신뢰를 사고파는 것이다. 표면적으로 친한 척을 하는 것이다.

신뢰를 얻는 비결은 거대한 무엇이 아니라 믿을 수 있는 사람이 되는 것이다. 당신의 말과 행동, 그리고 실천이 신뢰를 만든다.

하지만 이것은 한순간에 터득되는 것이 아니다!

당신을 믿는 사람들이 많을수록 성공할 가능성 또한 높아진다. 개인과의 관계뿐만 아니라 노력하는 모든 것의 성공 가능성이 높아진다.

내가 당신을 신뢰하고 싶은 이유는,

- 나는 당신이 한 말이 사실이라고 믿기 때문이다.
- 나는 방금 당신에게 돈을 맡겼고, 그 돈이 안전하다고 믿고 싶기 때문이다.
- 나는 방금 당신에게 돈을 맡겼고, 당신이 약속한 대로 이행할 것이라 믿고 싶기 때문이다.
- 나는 방금 당신에게 중요한 일을 맡겼기 때문이다.
- 나는 방금 당신에게 중요한 일을 맡겼고, 그 일을 반드시 제시간에 끝내야 하기 때문이다.
- 나는 방금 당신의 조언을 구했고, 당신의 관심사가 이닌 내가 알고 싶은 것에 대해 말해 주기를 바라기 때문이다.
- 나는 당신을 사랑하기 때문이다.
- 당신은 나에게 약속했고, 나는 그 약속이 일종의 계약이라고 생각하기 때문이다.

이 책은 어떤 내용을 담고 있는가?

이 책의 주제는 신뢰이다. 신뢰란 무엇이며, 신뢰를 형성하고 신뢰 높은 사람이 되는 비결, 신뢰를 상실했을 때의 방법 등 신뢰와 관련된 모든 내용들을 다루고 있다. 예를 들어 신뢰를 잃게 되는 이유와 신뢰를 잃음으로써 생기는 결과는 무엇인지도 알려 줄 것이다. 이 책의 내용을 완벽히 이해하면 신뢰 속에 다음의 요소들이 있음을 알게 된다.

- 관계
- 판단
- 진실
- 가치
- 충복 忠僕
- 신뢰 주기
- 신뢰받기

위 요소들에 대한 설명을 듣고 신뢰의 측면에서 각 요소들의 역할을 완전히 이해할 때 당신도 모든 사람들이 원하는 '신뢰받는 조력자'의 수준으로 발전할 것이다.

세일즈맨뿐만 아니라 모든 직장인, 그리고 의사와 변호사, 회계사 등 모든 사람들이 신뢰받는 조력자가 되고자 한다. 하지만 신뢰란 하루아침에 얻을 수 있는 것이 아니다. 게다가 신뢰받는 조력자의 경지에 오르려면 더 많은 시간이 필요하다.

당신이 신뢰받는 사람, 나아가 신뢰받는 조력자가 되기로 결정하고 그 방법과 원칙들을 마스터하고자 한다면, 이 책이 당신의 발전과 성공에 도움이 되어 줄 것이다.

지금쯤 당신은 "이거 경영책이야, 세일즈 책이야? 아니면 자기 계발 책인가?"라고 물을지도 모른다. 이 질문에 대한 대답은 모두 "Yes!"

신뢰는 직장과 삶에서 하는 모든 일의 기본이다.

당신이 누구와 비즈니스를 하고 있는지 생각해 보자. 현재 구매하고 있는 제품들도 생각해 보자. 그런 다음 일상생활에서 만나는 사람들, 그리고 가족들도 떠올려 보자. 그 안에서 생기는 당신에 대한 신뢰, 당신이 그들에게 갖는 신뢰가 그들과의 친분과 관계의 모든 측면을 발전시키고 확대시키는 기회를 만드는 장이 된다.

당신도 이미 신뢰의 중요성을 알게 되었으므로 더 이상 신뢰의 중요성을 강조할 필요가 없을 것 같다. 이 책을 통해 내가 진심으로 강조하고 싶은 것은 신뢰를 만드는 요소들과 신뢰를 잃게 만드는 사건들이다.
이 책은 세일즈맨이나 고객 서비스에 종사하는 사람들뿐 아니라 신뢰를 얻는 것이 중요하다고 생각하는 사람들, 그보다 신뢰를 지키는 것이 더 중요하다고 생각하는 사람들, 그리고 신뢰를 소중히 여기는 것이 무엇보다 중요하다고 생각하는 모든 사람들을 위한 책이다. 당신도 그들에 포함될 것이다.

당신이 '저를 믿어 보세요!'라고 말하는 이유는

신뢰를 얻지 못했기 때문이다.

그래서 신뢰를 부탁해야 한다.

하지만 신뢰를 부탁하는 것은 옳지 않은 행동이다.

–제프리 지토머

CONTENTS

모든 사람을 신뢰하는 것은 어리석지만,
믿을 만한 사람을 신뢰하는 것은 현명하다.

데모크리토스 Democritus, B.C. 460~370

PART

1

자신에게
질문하라

자신을
신뢰하는가?

자신이 내린 결정을 돌아보며 잘못 결정했다고, 더 좋은 결정을 내릴 수 있었는데 그렇게 하지 못했다며 자신을 꾸짖고 책망한 일이 있을 것이다.

지난 일에 대해 불평하는 사람들의 말에도 그들 나름의 이유는 있다. 그들은 일요일에 할 수 있었던 일이나 해야 했던 일이 무엇인지 잘 알고 있지만 하지 않고 일요일을 보낸다. 그러고는 월요일 아침이 되면 오늘이 일요일이라면 그 일을 했을 것처럼 말한다.

어제를 돌아보며 잘못된 결정이나 미흡했던 결정을 자책하는 사람은 앞으로의 결정도 계속 실패할 확률이 높다. 자기 자신을 신뢰하지 못하기 때문이다.

나는 항상 자신이 내린 결정을 신뢰하고 의심하지 말라고 말한다. 그렇다고 당신의 판단이 완벽하다는 말은 아니다. 실수는 항상 존재하고, 그렇기 때문에 '판단'이라고 부르는 것이다. 잘못된 결정 또한 삶의 교훈으로 생각해야 하는 것이다.

판단 착오는 최고의 가르침이다. 실수를 통해 무언가를 배우고자 하는 마음이 있다면 자기 자신을 믿게 된다. 판단의 옳고 그름을 떠나 확고한 판단과 함께 앞을 향해 달려가게 될 것이다.

이 책의 내용을 이해하기 위해서는 반드시 자신을 신뢰하는 법부터 배워야 한다. 자신의 판단과 행동, 자신의 말과 글로써 나타내는 것들을 자기 스스로 믿지 못한다면 다른 사람도 결코 신뢰할 수 없다.

신뢰를 형성하고 다른 사람들에게 신뢰받는 조력자가 되기 위해서는 가장 먼저 자신부터 신뢰해야 한다. 이 말은 곧 자신의 생각, 지식, 지혜, 판단, 본능, 관찰력, 추론하는 능력, 자신의 이성과 판별력을 신뢰해야 한다는 뜻이다. 즉, 결단력 있는 사람이 되어야 한다. 신뢰받는 사람은 우유부단하지 않고, 책임을 다른 사람에게 떠넘기지 않는다. 신뢰받는 사람은 자기 자신과 내기하지 않는다.

"저를 믿어 보세요."가 아니라, 자기 자신부터 믿어야 한다.

자신을 신뢰하지 못하면

타인도 신뢰할 수 없다.

– 제프리 지토머

왜 다른 사람을
신뢰하는가?

내가 사회에 첫발을 내딛던 때, 주변 사람들의 만류에도 불구하고 나는 조건 없이 사람들을 믿어 보기로 했다. 그런 결심을 하자 나는 '믿음의 영혼'으로 변신했다. 어떤 사람을 믿어서는 안 될 만한 이유가 있거나 그 이유를 알게 되기까지 나는 무조건 사람들을 믿기로 했다. 당시 그런 나의 생각은 매우 위험했고, 사실 지금도 안전하다고는 할 수 없다. 특히 지금 나의 사회적 지위를 생각한다면 내가 돌려받을 수 있는 것보다 잃을 것이 훨씬 많기 때문이다.

그런데 무조건 사람들을 신뢰하고 보니 나도 모르게 새로운 생각과 아이디어, 그리고 성공을 위한 전략에 마음의 문을 활짝 열고 긍정적인 자세를 갖게 되었다.

나는 대부분의 사람들이 첫 만남부터 상대방을 그렇게 신뢰하지 않는다는 사실을 발견했다. 팔짱을 끼고 이야기를 듣는 사람을 보면 내면에서 있는 벽이 느껴질 것이다. 눈에 보이지 않는 장벽 같은 것을 만드는 것이다.

광고의 감언이설에 잘 넘어가지 않는 사람들이나 일단 내면에 장벽부터 쌓는 사람은 처음부터 비타협적인 태도로 'Yes'의 가능성 없이 'No'만 생각해서 좋은 기회를 놓쳐 버리기도 한다.

고백하자면, 신뢰의 철학 때문에 나도 처음에는 너무나 괴로웠고 상처도 받았다. 크게 화를 낸 적도 여러 번 있었지만 결국 난 승리했다. 이것이 바로 신뢰의 유혹에 적당히 잘 빠져든 결과라고 생각한다. 당신도 두려워하지 말고 도전해 보라!

왜 다른 사람의 조언을
받아들이는가?

누군가의 조언을 받아들이는 것은 상당히 조심스럽고 민감한 문제이다. 당신의 의사 결정에 다른 사람의 도움을 받거나 다른 사람이 당신을 대신해서 의사 결정을 했음을 의미하기 때문이다. 이는 조언을 받는 사람도 자신의 직감과 신뢰를 바탕으로 타인의 조언을 받아들일 마음이 있었음을 의미한다.

어떻게 해서 다른 사람의 조언을 받아들이게 되는가?
당신은 누군가의 조언을 섣불리 받아들이지는 않는다. 득히 금진이나 자신의 삶에 중대한 영향을 줄 수 있는 조언일 경우 조언을 하는 사람에 대한 신뢰나 좋은 감정이 없다면 조언을 받아들이지 않는 것이 좋다.

당신이 의사 결정을 할 때 다른 사람의 조언을 받아들이게 되는 다섯 가지 이유를 소개한다.

1. **조언을 하는 사람이 당신의 친구이다.** 당신이 조언을 필요로 하거나 부
   탁하지도 않았는데 친구가 조언을 한다면, 당신은 그 말에 더 귀 기
   울이게 된다.

2. **당신은 그들의 전문성을 믿는다.** 조언을 하는 사람이 당신보다 훨씬
   풍부한 지식이 있으면 그 충고가 옳고 정확하다는 생각이 들고, 그
   를 믿어 보자는 마음을 갖게 된다.

3. **조언을 하는 사람이 당신과 가까운 사이이다.** 당신과 오랜 기간 알고 지
   내 온 사람, 예를 들어 당신에게 영향력이 큰 사람 혹은 당신의 배우

"나에게 마지막으로 믿을 만한 조언을 해 준 사람은 나의 수학 선생님이야.
언젠가 대수학이 유용하게 쓰일 날이 분명히 있을 거라고 나에게 말씀하셨어!"

자 등 이제까지 당신과 함께 성장하고, 관심을 가지고, 존경하고, 신뢰하던 사람이다.

4. **조언을 하는 사람이 당신의 가족이다.** 때때로 가족이 하는 조언은 대부분 맥 빠지게 만드는 것들이므로, 그 조언이 명백한 진실로 드러날 때까지 그냥 무시해 버리기도 한다.

5. **조언은 이성 대 감성의 싸움이다.** 이성적인 조언일지라도 당신의 감정이 조언을 듣지도 받아들이지도 못하게 막기도 한다. 최선의 방법은 감정이 개입된 상태에서는 즉흥적인 결정을 내리지 않는 것이다. 다른 사람들의 말을 듣고, 그들이 말하는 사실, 선택, 잠재적인 결론을 받아 적어라. 그런 다음 무엇이 옳고, 최선의 선택은 무엇인지 충분한 시간을 갖고 생각하면 당신의 결심은 더욱 확고해진다.

친구와 동네 이웃도 조언자인가?

무엇을 먹을 것인지, 어떤 영화를 볼 것인지 가벼운 선택을 하는 것에서부터 휴가를 어디서 보낼지, 어떤 차를 구입할지 큰 결정을 내리는 일에 친구와 이웃, 또는 동료들이 의사 결정 과정에 미치는 영향력은 당신에게 물건을 팔려는 세일즈맨보다 무려 1,000배는 더 강하다.

당신이라면 여행 예정지에 가 본 적이 있는 동료의 말을 믿겠는가, 아니면 가 본 적도 없이 여행 상품을 파는 여행사 직원의 말을 믿겠는가? 당신이라면 자동차 세일즈맨의 말을 믿겠는가, 친구의 말을 믿겠는가? 대부분의 사람들은 친구와 이웃의 말을 믿을 것이다. 왜냐하면 그들은 직접 경험을 해 봤고, 당신이 내린 결정에 어떠한 영향도 받지 않고, 판매 건수에 따라 영업 수수료를 받는 것도 아니기 때문이다.

지금 당신이 좋은 차를 고르고 있거나 좋은 식당을 찾고 있다고 해 보자. 그렇다면 지금 필요한 조언은 무엇이고, 누구의 조언을 받아들일지 한번 생각해 보자. 당신이 찾고 있는 조언자는 그저 조언만 해 주는 사람이 아닐 것이다. 당신을 편안하게 대해 주고, 언제나 든든한 버팀목이 되어 주는 사람일 것이다. 조언에 대해 사적인 요구 사항이나 다른 속셈이 있는 것도 아니다.

사람들은 자신에게 사실을 말하고, 확실한 결정을 내리는 데 도움을 주는 사람을 찾는다.

의사 결정을 할 때 신문 광고나 자동차 세일즈맨보다 동료의 말이 더 큰 힘을 갖는 이유 또한 이와 같다. 그래서 사람들은 의심 가득한 눈빛으로 광고를 보게 되고 세일즈맨을 피하는 것이다.

건강과 집,
그리고 돈

건강, 집, 돈. 인생에서 이 세 가지는 당신 삶의 안정감과 안전성, 그리고 전반적인 삶의 질을 보여 준다. 이 세 가지와 관련된 결정을 내릴 때는 반드시 신뢰하는 사람에게서 조언을 받아야 한다. 만일 당신이 심장 수술을 받아야 한다거나 새로운 집을 알아보고 있는 중이거나 거액의 투자를 계획하고 있다면, 당연히 신뢰하는 사람의 도움을 구할 것이다.

당신의 현재의 건강 상태, 집, 돈과 관련된 문제들을 돌아보라. 이것과 관련된 의사 결정에 도움을 준 사람은 누구였는지 떠올려 보라. 당신이 그들을 신뢰하게 된 이유는 무엇인가? 우정? 전문성? 아니면 그들이 이룬 과거의 성공 때문인가? 이 요인들에 더하여 좀 더 앞으로 나아가야겠다는 자신만의 직감이 합쳐진 결과물인가?

그것이 무엇이든 상관없이 미래를 위해 그들의 조언을 이해하고 받아들였다는 점이 중요하다. 그보다 더 중요한 것은 조언을 받아들여 자신만의 개성과 능력으로 만들기 위해 노력했다는 점이다.

신뢰받는 사람이 되기 위한 최고의 비결은
신뢰받는 사람들을 관찰하는 것이다.

경제적 파산은 곧 신뢰의 상실이다. 과거에 파산한 적이 있다면 5년에서 10년까지는 그 기록이 당신을 따라다닌다. 그 기간 동안 세상은 당신을 신뢰하지 않을 것이다. 다시 말해 대출을 받거나 대출 상환 문제에 있어서 당신에 대한 신뢰가 상실되었음을 의미한다.

신뢰를 잃으면 사람들, 특히나 금융권에서는 당신의 잘못으로 생긴 일이 아니라 해도 당신의 사정을 봐주려 하지 않는다. 잃은 신뢰를 회복하기까지 얼마나 오랜 시간이 걸리는지 충분히 알게 될 것이다.

비즈니스 파트너를
신뢰하는가?

지금까지 살아오면서 일상적인 관계나 비즈니스 때문에 만났던 사람들을 생각해 보자. 이성에게 구애할 때는 모든 것이 그저 아름답게 보이지만, 비즈니스 협상 테이블에서는 계약서에 적힌 사항들을 하나도 놓치지 않고 꼼꼼히 확인하게 된다.

그러나 대인 관계나 비즈니스 관계가 예전보다 성숙해지면서 현재의 사람들을 얼마나 신뢰하는지 다시 생각해 보는 일이 발생한다. 첫 번째 사건이 발생하면 "속는 셈 치고 한 번 더 믿어 보지 뭐."라고 말하면서 신뢰를 완전히 잃는 일이 생기기까지 그다지 신경을 쓰지 않는다.

하지만 속는 셈 치고 한 번 더 믿는다고 해서 모든 의심이 완전히 사라지는 것은 아니다. 그러다가 두 번째, 세 번째 사건이 발생하면 결국 의심은 커지고, 그래도 계속해서 신뢰를 어기는 일이 일어나면 관계는 서서히 사라질 것이다.

신뢰가 사라지기 시작하면 파트너십은 위협받게 된다. 또한 신뢰의 상실 정도에 따라 예전의 상태로 영원히 회복되지 못하기도 한다. 이것이 바로 신뢰의 중요하고 강력한 힘이다.

믿을 만한 사람이 되는 조건

다음의 요소들은 어떻게 타인을 신뢰하고, 누구를 신뢰해야 할지 현재 당신의 상황을 말해 줄 것이다.

◆ **첫째 요소** : 당신의 성장 과정이다. 즉 당신의 부모, 형제와 함께 살아오면서 가족과 상호작용을 해 왔다. 가족들에게 거짓말을 한 적이 있는가? 아무도 보지 않는다고 물건을 훔친 적이 있는가? 항상 옳은 일만 하고 잘못된 일은 피하려고 했는가? 당신은 얼마 동안이나 이런 행동을 했는가? 무엇인가 판단을 하는 데 있어서 작은 실수들이 반복해서 일어나면 실패로 이어진다.

◆ **둘째 요소** : 당신이 관계를 맺기 위해 선택하는 사람들이다. 친구들, 즉 가족 이외의 사람들을 말한다. 그들은 어떤 사람들이었으며, 성격은 어떠했는가?

◆ **셋째 요소** : 영향력 있는 사람들, 즉 선생님이나 목사님, 장관, 영웅, 멘토 등을 말한다. 이들이 당신에게 조언을 해 주었을 때 당신은 그것을

받아들이거나 무시했을 것이다. 그 조언이 당신을 변화시키거나 성격 형성에 영향을 주었을 것이다.

위의 세 가지 요소의 작용과 이에 따른 당신의 반응, 그리고 시간이 흐르면서 타인에 대한 신뢰도 생기는 것이다. 특히 돈과 관련된 일, 약속을 지키는 일, 명예와 관련된 순간에는 위의 요소들이 더욱 중요해진다. 어떤 사람도 옳은 일이나 그릇된 일을 할 때 선택의 순간을 피해 갈 수 없다.

당신은 이미 무엇이 옳은지 잘 알고 있다. 예전에 결정을 내려야 하는 순간에도 무엇이 옳은지 잘 알고 있었을 것이다. 다른 사람들은 당신이 지금까지 살아오면서 내린 결정들로 당신을 신뢰할 만한 사람인지 결정한다.
당신의 주변에 있는 믿을 만한 사람들의 특성에 대해 생각해 보자. 그들에게서 보이는 공통되는 특성이 무엇인지 찾는다면 어떤 점을 본받아야 하는지, 당신에 대한 신뢰는 어디쯤에 와 있는지 알 수 있을 것이다.

이 책의 후반부에 가면 신뢰받는 사람들의 성격의 특징이 구체적으로 소개된다. 그 특징들이 서로 통합되는 바로 그 순간 신뢰의 분위기가 만들어지는 것이다.

내가 지금 말하고 싶은 것은 책 후반부에서 보게 될 통합된 성격
이 바로 당신의 성격이 될 수도 있다는 것이다!

신뢰를 쌓는 능력의 기반은 바로 당신의 성격이다. 당신의 성격이 서서
히 드러나고 나아가 개인의 명성이 되는 것이다.

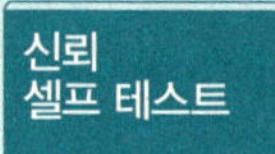

당신을 신뢰받는 사람으로 만들어 주는 성격의 특징들을 아래에 소개한다. 각 질문에 자신에게 해당되는 답에 체크해 보자.

1=절대 아니다, 2=거의 아니다, 3=가끔 그렇다, 4=자주 그렇다, 5=항상 그렇다.

1. 사람들은 나에게 의지한다.

1 □　　　　2 □　　　　3 □　　　　4 □　　　　5 □

2. 누군가 나에게 일을 맡기면 항상 약속된 시간 또는 그보다 빨리 일을 마친다.

1 □　　　　2 □　　　　3 □　　　　4 □　　　　5 □

3. 누군가 나에게 일을 맡기면 항상 최선을 다해 일한다.

1 □　　　　2 □　　　　3 □　　　　4 □　　　　5 □

4. 나는 무슨 일이 있어도 맡은 일은 꼭 해내는 것으로 유명하다.

1 □　　　　2 □　　　　3 □　　　　4 □　　　　5 □

5. 나는 항상 약속 시간을 지킨다.

1 □　　　　2 □　　　　3 □　　　　4 □　　　　5 □

6. 나는 믿음직한 사람이다.

1 □　　　　2 □　　　　3 □　　　　4 □　　　　5 □

7. 나는 정직하다.

1 □　　　　2 □　　　　3 □　　　　4 □　　　　5 □

8. 나는 항상 사실만을 이야기한다.

1 ☐   2 ☐   3 ☐   4 ☐   5 ☐

9. 내가 비밀을 지킬 것을 알기 때문에 사람들은 나에게 비밀을 털어놓는다.

1 ☐   2 ☐   3 ☐   4 ☐   5 ☐

10. 나에게 돈을 맡겨도 안전하다는 것을 알기 때문에 사람들은 나에게 돈과 관련된 일을 맡긴다.

1 ☐   2 ☐   3 ☐   4 ☐   5 ☐

이 테스트는 점수를 내려는 목적이 아니라 자신을 알기 위한 목적으로 만들어진 것이다. 4번이나 5번에 체크한 답이 많다면 당신은 그만큼 믿을 만한 사람이라는 것을 의미한다. 하지만 2번이나 3번에 체크한 답이 많다면 당신은 그다지 믿을 만한 사람이 못 된다는 뜻일 것이다.

당신의 성격이

당신의 신뢰성을 결정하는 열쇠이다.

- 제프리 지토머

누구를
신뢰하는가?

자신이 신뢰하는 사람들을 생각해 보자. 아마도 작은 일들을 곰곰이 생각해 보아야 할 것이다. 방금 떠올린 사람들은 당신이 도움이 절실할 때 찾는 사람들이기 때문이다. 그리고 이들은 당신의 인생 결정을 좌지우지할 수 있는 사람들이기도 하다.

가장 먼저 떠오르는 5명의 이름을 아래 빈칸에 적어 보자.

1. ____

2. ____

3. ____

4. ____

5. ____

자신이 신뢰하는 사람들을 머릿속에서 떠올리면서 그들을 정말 신뢰하는지, 그리고 신뢰와 관련해 과거에 어떤 일들이 있었는지 잠시 생각해 봤을 것이다.

고작 빈칸에 이름 몇 개 적는 건데 왜 이렇게 고민을 많이 해야 하는지 의문도 생길 것이다. 굳이 답을 하자면 이제까지 당신에게 이런 질문을 던진 사람이 없었기 때문이다.

살아오면서 마음속에 담게 된 일들을 떠올리려면 깊이 생각해야 한다. 즉, 신뢰와 관련된 일은 신중하게 생각해야 한다.

대부분의 경우 친구들과 가까운 친척처럼 오랜 시간 동안 알고 지내 온 사람들의 이름을 적었을 것이다. 몇 번이고 당신에게 믿음을 주었던 사람들의 이름이 적혀 있을 것이다. 이들은 변함없는 행동과 당신에게 도움이 절실할 때 적절하게 도움으로써 당신의 삶에서 믿을 만한 사람으로서의 지위를 얻은 것이다.

주의할 사항 한 가지! 당신이 원한다면 다른 사람들의 지혜나 그들의 특정 지식을 신뢰해도 된다. 그러나 그 사람 자체를 신뢰하지는 말라. 예를 들어 컴퓨터 수리 기사가 당신의 컴퓨터를 고쳐 줄 것이라고 믿어도 된다. 그러나 당신이 집을 하나 살까 말까 고민하는 문제, 경제적인 결정을 내려야 하는 문제에 그 사람이 도움을 줄 수 있을 것이라고 믿어서는 안 된다.

컴퓨터 수리 기사는 우리가 기대하는 역량과 신뢰를 가진 사람으로, 그가 가지고 있는 컴퓨터에 대한 전문성은 당신보다 훨씬 뛰어나고, 당신은 컴퓨터에 대한 그의 판단과 지혜를 수용한다. 그 사람의 정보와 충고가 유효하고 정확하다고 믿게 되는 것이다. 이러한 역량과 신뢰는 치과 의사, 병원 의사, 변호사, 자동차 정비 기사, 또는 정원사 등 이 모든 사람들에게도 같은 이치로 적용되며, 당신은 그들을 신뢰한다. 그러나 오로지 그들의 정보만 믿는 것이지 굳이 사람 자체를 믿을 필요는 없다.

다시 당신이 신뢰하는 사람들, 당신만의 신뢰의 범주 안에 있는 사람들의 이야기로 돌아가 보자. 당신은 특정 주제에 대한 그들의 지식을 무작정 받아들이지는 않을 것이다. 단지 그들의 충고를 받아들이고 존중하는 것이다.

당신이 신뢰하는 사람들이야말로 당신에게 '무언가를 하게 하는' 주인공들이다. 이들 때문에 당신은 무언가를 수용하게 된다. 이들의 가치 판단은 너무나 강력해서 당신의 생각과 욕망을 변화시킬 수 있다.

여기서 중요한 것은 당신을 변화시키는 이들의 힘이 아니라, 어떻게 이들이 당신에게 그런 영향력을 발휘하는 존재가 되고, 딩신의 신뢰를 얻게 되었는가를 이해하는 것이다.

당신이 그들을 신뢰하는 이유를 아래에 소개한다.

- 그들이 당신에게 항상 마음을 쓰고 있다고 믿는다.

- 그들에게는 아무런 협의 사항도, 목적도 없다고 믿기 때문이다. 즉 그들에게 유리한 측면에서 조언을 해 주는 것이 아니라 당신에게 유리한 조언을 준다고 믿고 있다.

- 그들과의 관계의 목적이 금전적인 것이 아니기 때문이다. 또한 그들이 당신을 이끌어 주는 부분에서도 돈은 영향을 미치지 않는다.

- 당신과 그들은 과거에 우정을 나눈 사이이다.

- 당신과 그들 사이에는 교감을 나눈 경험이 있다.

- 당신은 그들이 하는 말이 항상 사실이라고 믿고 있다.

- 그들과 함께 있거나 대화를 나눌 때 편안하고 좋은 느낌을 받는다. 그들과 나누는 대화에서 친밀감을 느끼고 심적으로 안정된 상태가 된다.

당신이 신뢰하는 사람들의 이름을 다시 한 번 확인해 보자. 각 사람들의 이름 옆에 당신의 신뢰를 얻은 그들만의 특성 세 개를 적어 본다.

당신을 신뢰하는 사람은 누구인가?

모든 사람은 타인의 신뢰를 받고 싶어 하고, 자신은 믿을 만한 사람이라고 생각한다.

다시 리스트를 만들어 보는데, 이번에는 특정 지식 때문에 당신을 신뢰하게 된 사람들의 이름을 적어 본다. 그리고 또 다른 리스트에는 당신을 신뢰하는 사람들의 이름을 적어 보자.

세일즈, 혹은 회계나 수리 등 내가 현재 일하는 분야에 상관없이 특정 지식이나 전문성을 갖고 있다는 이유로 나를 신뢰하는 사람들의 이름을 적어 보자.

1. ____

2. ____

3. ____

4. ____

5. ____

이번에는 내 도움이 필요할 때, 내 지원이 필요할 때, 삶의 지혜가 필요할 때 나를 신뢰하는 사람들의 이름을 적어 보자.

1. ____

2. ____

3. ____

4. ____

5. ____

만일 당신이 비즈니스나 세일즈를 하는 사람이라면 고객들의 신뢰를 얻고 계속해서 그들과 거래를 이어 나가기를 바랄 것이다. 또한 당신이 의사, 변호사, 회계사라도 관련 고객들이 당신의 조언을 신뢰하고 계속해서 함께 거래하기를 바랄 것이다. 이 정도 수준이면 당신은 '신뢰의 저울'에서 믿을 만한 단계에 도달한 것이다.

다른 사람들이 당신을 어떻게, 왜 신뢰하는지 알 수 있는 가장 쉬운 방법은 그들의 질문을 살펴보는 것이다. 질문이 당신의 특정 지식에만 관련되어 있다면 당신에 대한 신뢰는 전문성과 관련된 것에 집중되어 있는 것이다. 반면에 사적인 질문이 많아진다면 당신에 대한 신뢰는 높은 단계로 발전하고 있는 것이다.

어떤 경우이든 특정 신뢰 수준을 달성하기 위해서는 기본적인 요소, 즉 당신에 대한 진실, 정직, 느껴지는 가치, 성공 경험, 믿고 미래를 함께 할 수 있는 사람이라는 확신이 필요하다. 다른 사람들이 당신에게 가지고 있는 신뢰가 높을수록 A 지점에서 B 지점으로 더 빨리 도달할 수 있다.

예를 들어, 당신에게 지금 넉넉한 저장 공간과 특정 성능을 가진 컴퓨터가 필요하다고 하자. 당신은 서너 명의 지인들에게 전화를 해서 당신에게 필요한 컴퓨터를 찾을 때까지 함께 인터넷 쇼핑몰을 둘러보거나 컴퓨터 판매점에 직접 찾아가서 상품들을 살펴보고 있을 것이다.

나는 컴퓨터에 대해 잘 모른다. 컴퓨터에 관해 물어볼 것이 있으면 나는 토미 베리Tommy Berry에게 전화를 한다. 토미는 컴퓨터 수리 기사로 내 회사도 잘 알고, 내 성격도 잘 안다. 그리고 우리에게는 개인적인 친분도 있다. 나는 20년 동안 컴퓨터와 관련된 일이 있을 때면 항상 토미를 찾았다. 나뿐만 아니라 우리 회사에 다니는 사람들은 모두 토미가 내리는 판단을 믿고 그의 충고를 거리낌 없이 받아들인다. 이런 우리 사이에도 문제점이 한 가지 있었다. 우리에게 컴퓨터와 관련된 상황이나 문제가 발생하면 토미가 즉각적으로 해결해 주기를 바란다는 점이다. 이것 외에는 모두 괜찮았다. 다시 말하지만 토미와 나는 친구 사이이다.

나는 여러 권의 책에서 다음과 같은 말을 했다.

"모든 조건이 같다면 사람들은 자신과 친한 사람들과 비즈니스를 하고 싶어 한다. 모든 조건이 같지 않아도 사람들은 여전히 자신과 친한 사람들과 비즈니스를 하고 싶어 한다."

내가 토미에게 컴퓨터 상품과 서비스를 제공받기로 결정한 데는 이유가 있다. 토미에 대한 친근함과 컴퓨터에 관한 그의 전문성 때문이다. 게다가 그는 내가 하고 있는 비즈니스에 대해 잘 알고 있었다. 한마디로 말해서 나는 토미를 믿는다!

토미에 대한 이야기를 통해 사람들이 왜 당신을 신뢰하는지, 또는 신뢰하지 않는지 알았으면 좋겠다. 비즈니스를 하는 사람들, 특히나 세일즈를 하는 사람들은 새로운 관계에서 상대방의 신뢰를 얻는 것이 쉽지 않은데, 이들은 당장 신뢰를 얻어 내려고 한다.

비결을 알려 주자면, 일단 사람들이 당신에게 호감을 느껴야 한다. 그런 다음 신뢰할지의 여부가 결정된다. 그다음은 자신감이다. 그리고 마지막에 드디어 신뢰가 등장한다. 그것도 아주 천천히 등장할 것이다.

당신이 신뢰받는 요인을 찾고 있다면, 그것은 바로 내가 토미를 신뢰하는 것과 같다고 말하겠다. 나는 그를 좋아하고, 그를 믿고, 그에 대한 자신감이 있다. 또한 그는 오랜 시간 동안 자신이 정확하고 가치 있는 사

"키가 70센티미터가 넘는 사람은 절대 믿어선 안 돼!"

람이라는 것을 증명해 왔다. 자신이 신뢰할 만한 사람임을 증명했다!

앞으로 읽을 페이지들을 넘겨 보면 아이디어와 생각들, 사례와 전략들로 가득하다. 더욱 신뢰받는 사람이 되고, 당신과 관계를 맺고 싶어 하는 사람들에게 더욱 가치 있는 사람이 되기 위한 지혜와 통찰이 담겨 있다.

하지만 여기서 더 중요한 것은 누군가를 신뢰하고, 누군가 당신을 신뢰하는 데 있어서 개인적인 측면도 작용한다는 점이다. 다시 말해 사람들과의 관계, 부모·남편·아내·아들·딸과 같은 가족 관계가 작용한다. 모든 사람들이 사랑, 그리고 가족 사랑에 대해 이야기한다. 반면에 소수의 사람만이 신뢰에 대해 이야기한다. 나는 다른 사람에 대한 신뢰가 깊을수록 그 사람에 대한 확신 또한 커진다고 생각한다. 사랑을 주고받는 일이 더 자주 발생하고 그들이 당신을 신뢰하게 되는 것이다.

사람들은 가치 판단을 할 때 자신이 알고 있는 것과 자신이 알고 있는 사람들의 의견을 바탕으로 판단을 내린다. 가치 판단의 리스트 최상단에는 바로 신뢰가 자리하는 것이다.

당신과 관련된 신뢰에 대해 이해하는 순간, 타인과 관계를 형성하고 미래를 만들어 가는 데 있어서 신뢰가 갖는 잠재적인 힘을 실감하게 될 것이다. 단순히 성공의 힘이 아니라 자아실현으로까지 이어지는 힘이다. 더 신뢰받는 사람, 더 믿음직한 사람이 되는 비결을 알고 싶은가? 다른 사람들에게 더 많은 신뢰를 먼저 주는 것이다!

당신이 타인을 신뢰하지 않는 이유는

그가 당신의 신뢰를 얻지 못했기 때문이다.

당신이 타인에게 신뢰를 얻지 못하는 이유는

당신이 그의 신뢰를 얻지 못했기 때문이다.

–제프리 지토머

내가 생각하는
자아상

당신은 자신의 이미지를 어떻게 그리는가? 이 질문은 그리 쉽게 대답할 수 있는 것은 아니다.

나에게 자신이 생각하는 이미지를 말해 보라. 그 이미지가 '키가 크다', '예쁘다'처럼 외형적인 것인가? 아니면 '확신에 차 있다', '자신감이 넘친다'처럼 정신적인 것인가? 아니면 꿈을 이루고 성공한 긍정적인 모습인가? 아니면 빚을 져서 힘들어 하고, 실패한 부정적인 모습인가? 당신이 그린 이미지는 '현재'인가, 아니면 '앞으로 되고 싶은' 모습인가?

어떤 사람은 멋있고 아름다운 자신의 모습을 떠올렸을 것이고, 어떤 사람은 뚱뚱하거나 보통 체격을 가진 모습, 또는 성공한 모습이나 성공을 향해 열심히 노력하는 모습을 상상했을 것이다. 행복한 또는 행복하지 못한 모습, 혹은 아주 행복하지 못한 모습도 있을 것이다!

신뢰받는 또는 신뢰받지 못하는 자신의 모습을 그려 본 사람은 거의 없을 것이다. 솔직한 또는 솔직하지 못한 자신의 모습을 그려 본 사람은 더욱 없을 것이다. 진실된 또는 거짓된 자신의 모습을 그려 본 사람은 아무도 없을 것이다.

사람들에게 자신의 이미지를 그려 보라고 하면서 한 가지 재미있는 사실을 발견했는데, 대부분의 사람들이 자신의 이미지를 별로 보고 싶어 하지 않았다. 아마 자신의 모습을 보는 것이 싫거나 자신이 싫기 때문일 것이다. 하지만 당신이 서 있는 자리에 피할 수 없는 거울이 있어 당신의 모습을 항상 비추고 있다!

내가 이렇게 말한다고 해 보자. 당신이 떠올린 모습이 더 선명할수록 자신의 모습을 좀 더 수용하고, 내일의 성공을 향한 지름길이 될 것이다.

(이렇게 말하면 최소한 당신의 모습을 살짝 엿보기라도 하겠지?)

첫째 진실 – 자신을 신뢰하라. 당신이 그린 자아 이미지는 내면에 있는 믿음과 결합되어 미래에 자신이 어떻게 되어 있을지 보여 주는 모습이다.

만일 당신이 자아상이나 시각화에 관련된 책을 읽었다면 모든 책들이 한 가지 공통된 주제를 갖고 있다는 것에 놀랄 것이다. 자신이 가고 싶은 곳에 도달하는 가장 쉬운 방법은 그곳에 있는 자신의 모습을 미리 그려 보는 것이다.

맥스웰 몰츠Dr. Maxwell Maltz 의 《성공의 법칙Psycho Cybernetics》에서는 자아 이미지

에 대한 전형적인 예를 보여 준다. 나는 1970년대에 이 책을 보았는데 그중 몇 페이지는 평생 학습해야 한다는 사명감까지 느꼈다.

책에서 몰츠는 이렇게 말한다.

> "우리는 자신의 마음속에 있는 자아 이미지에 따라 반응한다. 자아 이미지를 더 좋게 변화시키면 삶은 더 좋아질 것이다. 자아 이미지가 더 좋게 또는 더 나쁘게 변하는 것은 지성 때문도 아니고, 지식 때문도 아니다. 그것은 경험 때문이다."

우리 삶의 모든 측면에서 같은 원리가 적용된다.

- 성공하고 싶다면……
- 부를 원한다면……
- 새집을 원한다면……
- 의사가 되고 싶다면……
- 게임에서 이기고 싶다면……
- 산을 오르고 싶다면……
- 마라톤을 하고 싶다면……
- 좋은 아버지, 좋은 어머니가 되고 싶다면……
- 엄청난 영업 실적을 내고 싶다면……

가장 먼저 이미 그렇게 된 자신의 모습, 목적을 달성한 자신의 모습을 그려 보라!

둘째 진실 – 자신의 믿음을 신뢰하라. 당신의 머릿속에 있는 모습과 믿음은 온전히 당신이 지배하고 있다. 당신은 자신의 마음을 다스릴 수 있는 완전한 지배권을 가지고 있을 뿐만 아니라 지배력을 높이기 위해 주위 환경을 변화시키고 통제할 수 있다. 당신이 지금 어디에 있는지에 따라 생각의 방법도 달라진다.

좀 더 깊게 생각해 보자. 현재의 직장 상사 또는 직장 자체가 마음에 들지 않는다고 가정해 보자. 당신의 입장에서는 목표 달성을 위해 필요한 마음의 그림이 결코 긍정적이지 않을 것이다. 따라서 자신이 지금 하고 있는 일을 사랑해야 한다(적어도 아주 많이 좋아해야 한다)! 당신은 싫어하는 일을 하면서, 신뢰하지도 않고 존경하지도 않는 사람과 함께 일하면서 어떻게 미래의 성공을 그릴 수 있겠는가?

셋째 진실 – 당신의 생각을 신뢰하라. 자신의 마음속에 있는 자아 이미지를 변화시킨다면 심상mental image에 도달하게 되고 스스로의 생각도 신뢰하게 될 것이다.

삭티 거웨인Shakti Gawain은 자신의 책《간절히 원하면 기적처럼 이루어진다 Creative Visualization》에서 이렇게 말했다.

"상상이란 아이디어, 심상 또는 어떤 것의 느낌이나 감각을 창조하는 능력이다. 창조적인 시각은 상상을 통해 자신이 나타내고자 하는 이미지, 아이디어 또는 어떤 것의 느낌을 분명하게 창조할 수 있다. 그런 다음 계속해서 그 아이디어와 느낌, 또는 이미지에 집중한다. 그것이 객관적인 사실이 될 때까지, 즉 당신이 상상한 그 경지에 이를 때까지 긍정의 힘을 끊임없이 불어넣는다."

이렇듯 지혜로 가득한 《성공의 법칙》과 《간절히 원하면 기적처럼 이루어진다》를 당신의 책장에 꽂아 두어라. 당신이 자아 이미지를 계발하고, 자기 믿음을 쌓고 싶고, 스스로를 제한하는 사고들을 없애고자 하는 사람이라면 책을 소장하고 자주 읽으면 큰 도움이 될 것이다.

당신은 나에게 이렇게 물을 수도 있다 "제프리, 그냥 책만 읽으면 모든 것들이 다 되는 건가요?" 터무니없는 소리다. 단순히 생각하기나 상상하기가 아니다. 이건 단지 시작일 뿐이다. 이를 실현하기 위해서는 반드시 실행으로 옮겨야 한다.

또 다른 비결을 알려 준다면, 헌신적이며 열정적으로 자기 믿음을 실행하면 이는 곧 성취의 실행으로 이어진다. 그런 다음 실행은 결과로 이어지고, 이 결과들이 모여 당신의 상상을 실현시킬 것이다.

자신의 욕망과 꿈을 이루는 유일한 방법은

실행하는 것이다.

자신에 대한 신뢰, 자신의 신념,

그리고 자신의 생각에 대한 신뢰가 클수록

실행력은 더 강해진다.

−제프리 지토머

타인과 자신에게
정직하기

사람들이 무심코 정직하지 않게 대하는 사람이 있는데, 바로 자기 자신이다. 사람들은 이런 저런 이유를 들어서 자신의 부정직함을 정당화한다.

나는 여기서 정직과 진실 사이에 있는 미묘한 차이점에 대해 말하고자 한다. 진실이 말 중심적이라면 정직은 행위 중심적이다.

다른 사람을 정직으로 대하는 것은 쉽다. 당신의 행동을 모든 사람들이 똑똑히 볼 수 있기 때문이다. 하지만 자기 자신에게 정직하기란 쉽지 않다. 아무도 보지 않는 곳에서는 스스로 정당화하면 그만이다.

이 말은 곧 담배를 끊겠다고 했으면서 아무도 보지 않는 곳에서 담배를 피우는 것과 같다. 다이어트를 할 때나 시험을 볼 때 남을 속이는 경우도 마찬가지이다.

이제는 세일즈에서도 정직함을 찾아보기가 힘들어졌다. 매니저가 세일즈 담당자에게 일주일에 적어도 스무 번 이상 영업 전화를 하라고 지시했다고 하자. 일요일 저녁, 당신은 영업보고서를 쓰면서 실제로는 열세 번밖에 전화를 하지 않았지만 보고서에 적힌 숫자는 13이 아닌 21이 떡하니 자리 잡고 있다.

어쩌면 정직이라는 단어가 진실 또는 거짓이라는 말보다 훨씬 더 강력한 것인지도 모른다. 즉 '정직한 에이브Honest Abe, 'Abe'는 Abraham Lincoln의 어린 적 애칭'라는 말이 '진실한 에이브Truthful Abe'라는 말보다 더 강력하다. 그러나 부정직함은 사람들에게 부정직한 행동보다 항상 '거짓'으로 보이게 된다.

스스로에게 정직하기 위해서는 엄청난 용기가 필요하다. 스스로에게 정직한 것은 아무도 보지 않을 때에도 옳은 일을 하는 것을 의미하기 때문이다. 즉, 정직 속에 자긍심이 존재하고, 명예 속에도 자긍심이 존재한다. 따라서 스스로에게 정직한 사람은 그러지 못한 사람보다 더 높은 신뢰를 얻는다. 사람들은 도움이 필요할 때 정직한 사람을 더 찾는다. 자기 스스로에게 항상 정직한 사람은 남에게도 정직하다는 사실을 알기 때문이다.

다음에 소개하는 네 가지 사항이 자기 자신에게 정직할 수 있게 도와줄 것이다.

1. **정직한 파트너를 찾고 진실의 순간을 함께 공유한다.** 정직하지 못한 측면이 있었다면 이에 대해 파트너와 대화를 나눈다. 어떻게 하면 과거의 일들을 더 잘할 수 있었는지, 어떻게 바로잡으면 더 좋은 미래를 맞이할 수 있는지에 대해서도 이야기한다.

2. **아무도 지켜보지 않는다고 해서 스스로에게 굴복하지 말라.** 담배도 그냥 피우고, 술도 마셔라. 달콤한 도넛도 먹으면 된다. 당신은 이 말도 이미 잘 알고 있을 것이다. "손해 보는 건 나다."
   사실 손해 보는 기분이 드는 것은 약속을 어기는 그 순간이 아니다. 그렇기 때문에 당신은 변화가 주는 저항감에 순간 굴복하고 만다. 하지만 그렇게 해서는 안 된다!

3. **거짓말이 먹히거나 아무도 모를지라도 진실을 말하라.** 상사에게 열세 번밖에 영업 전화를 하지 못했고 말하라. 그리고 어머니에게도 당신이 한 행동에 대해 말하라.

4. **잔인하게 느껴지더라도 최근의 일들을 돌아보고 정직하지 못했던 일들을 말해 보라.** 가령 학교에서 시험을 볼 때 몰래 커닝을 한 일, 게임을

하면서 속임수를 쓴 일, 당신 물건이 아닌데도 그냥 가져간 일, 주차하다가 남의 차를 긁고는 몰래 도망간 일 등이 있을 것이다. 이번 기회를 계기로 당신이 '피하려고 했던' 일들을 생각해 보라. 별것 아니지만 그 당시에는 너무나 쉽게 피해 갔던 일들을 떠올려 보라. 그런 다음 한두 군데 전화를 걸어서 자신의 과거 일을 다른 사람에게 고백하라. 아니면 다시는 이런 일이 없을 것이라고 자신에게 굳게 다짐하고 앞을 향해 나아가라!

정직의 핵심은 자기 훈련과 자기 결심이다. 또한 정직한 행동이 자신에게 갖는 의미와 자신에 대해 자랑스러워하는 것이다.

■ **간단한 공식** 당신이 당당함을 느끼지 못하거나 굳이 어머니에게 자랑할 일이 아니라고 생각된다면, 좀 더 나은 방향으로, 좀 더 품위 있고 정직한 방식을 찾아야 할 것이다. 방법을 찾아서 실행하라!

성공의 첫째 비결은 자신에 대한 신뢰이다.

·

랠프 왈도 에머슨 Ralph Waldo Emerson

PART
2

신뢰란
무엇인가?

신뢰의 정의

이번 파트에서는 신뢰의 속성과 신뢰의 다양한 모습을 통해서 신뢰의 개념을 정의해 보고자 한다. 이렇게 신뢰가 여러 가지로 정의되는 것은 주관적이며 개인의 판단에 영향을 받기 때문이다.

1. 신뢰는 리스크이다

신뢰는 위험성이 높다. 특히 당신이 타인에게 신뢰를 주고 있는 상황이라면 더욱 더 위험하다.

당신이 누군가를 신뢰했는데 그 사람이 신뢰를 저버린 적이 있는가? 왠지 이용당한 것 같고, 얼굴이 화끈거리고 화가 났을 것이다. 그리고 결국에는 그 사람의 이름을 머릿속에서 깨끗이 지워 버렸을 것이다. 그래도 그와 이야기를 나눌 수는 있다. 친구 관계를 계속 유지할 수도 있다.

그러나 신뢰라는 것은 한번 저버리면 다시 되돌리기가 어렵다.

이것이 바로 누군가를 신뢰할 때 감수해야 할 위험이다. 가장 이해하기 쉬운 사례로 돈을 빌려 가서 갚지 않는 경우가 있다. 그 밖에도 말을 전하지 말라고 했는데 다른 사람에게 이야기하거나 신임을 저버린 일, 또는 약속을 지키지 못한 것도 이에 해당된다.

이런 일들이 다른 사람을 신뢰해서 위험을 감수한 사례에 해당된다. 하지만 위험 감수에 대한 대가는 없다. 당신이 감수해야 할 위험은 다른 사람들에 의해 발생한다. 이것이 바로 신뢰의 부정적 측면이다.

당신의 삶을 되돌아보면 만족스런 신뢰와 만족스럽지 않은 신뢰의 비율이 10:1 정도로 만족스런 신뢰가 아마 더 우세할 것이다. 인생에서 겪는 다른 일들과 마찬가지로 신뢰와 관련된 위험 부담도 상처를 줄 수 있다.

내가 신뢰를 위험하다고 말하는 이유는 신뢰의 정의 속에는 위험성이 내포되어 있기 때문이다. 만약 내가 쓴 다른 책들을 읽은 적이 있다면 위험에 대한 나의 개인적인 느낌을 잘 이해할 것이다. "위험 없이는 아무런 대가도 없다."라는 말도 있지만, 나는 이 말을 다음과 같이 바꿔서 말하고 싶다. "위험 없이는 아무것도 없다."

비밀의 위험성. 누군가를 신뢰하는 것은 엄청난 위험을 감수하겠다는 것이다. 내가 누군가를 믿고 비밀을 털어놓아도 될까? 사실 그 누구도 비밀을 지킬 수 없다. 이와 관련해서 벤저민 프랭클린Benjamin Franklin이 남긴 말이 있다. "한 사람이 죽는다면 두 사람의 비밀은 유지된다." 그리고 이 말은 현실과 참 잘 맞아떨어진다.

기밀의 위험성. 당신은 '누설하다'라는 말을 이미 알고 있을 것이다. 예를 들어 정치인이 자신이 위임받은 어떤 비밀을 바로 언론에 누설한다고 하자. 이런 행동을 어떻게 정의해야 할지 나도 잘 모르겠다. 하지만 나는 이런 행동을 '질 낮은 삶'이라고 표현한다. 왜냐하면 내 아이들이 이를 알아서 좋을 게 없기 때문이다. 위의 사례는 누군가를 위태롭게 만들고, 신뢰를 위반한 전형적인 경우이다. 게다가 더 나쁜 것은 이런 만행을 저지른 사람이 자신의 잘못을 시인할 용기조차 없다는 것이다. 감옥에 갈 수 있기 때문이다. 좋은 소식은 그래도 그들 중 몇 명은 죗값을 치렀다.

비밀을 누설한 사람은 누구인가? 주식에 관련된 것이거나 신상품 출시, 새로운 패션 디자인, 곧 다가올 출산, 결혼식, 작게는 깜짝 파티까지 누군가 비밀을 지키기로 했는데 이를 어겼다고 하자. 비록 적절하지 못한 행동들이지만 이런 일들을 통해서도 배울 점은 있다. 당신은 절대 위와 같은 사람이 되지 않는 것!

바실 라스본Basil Rathbone이 셜록 홈즈 역을 맡고, 나이젤 브루스Nigel Bruce

가 왓슨 박사 역을 맡았던 영화 《셜록 홈즈》를 봤다면 잘 알 것이다. 의뢰인들이 홈즈를 찾아올 때면 홈즈에게 비밀을 지켜 줄 수 있는지부터 묻는다. 그러면 홈즈는 항상 준비된 대답을 한다. "제가 보장합니다. 저는 신중함 그 자체이지요."
당신은 이런 말을 할 수 있는가?

돈의 위험성. 누군가에게 돈을 빌려 주었는데 돈을 받지 못한 적이 있는가? 모든 사람들이 한 번쯤은 이런 일을 경험한 적이 있을 것이다. 그러면 누군가에게서 돈을 빌리고 갚지 않은 적이 있는가?
내가 하고자 하는 말은 돈과 관련된 문제는 위험과 실망 모두 포함되어 있다는 것이다.

우리 아버지는 항상 나에게 돈 거래를 하지 말라고 말씀하셨다. "아들아, 그냥 돈을 준다고 생각해라. 어쨌든 다시 돌려받지 못할 돈이니까. 그러면 너도 실망할 일은 없겠지." 나도 당신에게 같은 방법을 권한다. 당신에게 빌려 줄 돈이 없다면 빌려 주지 않으면 그만이다. 돈도 받지 못하고 친구까지 잃는 것보다 안 된다고 말하고 그 대가로 친구를 잃을 수도 있다고 각오를 하는 편이 낫다.

비밀, 기밀, 그리고 돈. 이 세 가지 위험 요소에 있어서 핵심이 되는 것은 신뢰이다. 당신이 다른 사람을 신뢰하지 않는다면 비밀을 말하지도, 기밀을 공유하지도, 돈을 빌려 주지도 않을 것이다. 반대로 그들을 끝까지 신뢰한다면, 위험성 또한 계속해서 존재한다.

모든 사람들에게는 리스크를 감당할 능력이 있다. 리스크를 감당한다는 것은 당신이 위험을 감수할 생각이 있는지 없는지, 또 얼마만큼의 위험을 감수할 수 있는지 결정하는 것이다.

사람들이 라스베이거스 카지노에 갈 때는 자신이 잃어도 감당할 수 있는 만큼의 돈을 가져간다. 대부분의 사람들은 돈을 잃고, 어떤 사람들은 감당할 수 있는 것보다 더 많이 잃기도 한다. 그리고 라스베이거스는 바로 이 점에 착안해서 카지노 영업을 한다. 그 덕분에 그곳에 지금의 호텔과 카지노들이 들어설 수 있었다. 하지만 사람들에게는 위험에 직면했을 때 이를 견딜 수 있는 감내 능력이라는 것이 있다. 그리고 감내 능력이 있기에 언제 이직하고, 언제 투자하고, 언제 집을 사고, 그리고 언제쯤 차를 교환하는 게 좋을지 알 수 있다. 감내 능력은 신뢰의 위험성과도 관련된다. 시간을 내서 자신만의 감내 능력을 찾아보라. 그러면 더 좋고 확실한 판단을 하게 될 것이다.

2. 최초의 신뢰는 일시적이다

당신이 휴가를 받아 해변에 와 있다고 상상해 보자. 바다를 향해 달려가서 바닷물 속에 발을 담근다. 바닷물에 들어가기를 주저할 때 옆 사람이 "발만 살짝 담가 봐."라고 말한다. 당신은 바닷물이 차가운지

"왜 나를 믿지 못하는 거야.
내가 네 아내한테 작업을 걸었다면 당연히 너한테 들켰겠지!"

파도가 거친지 알아보려고 구태여 위험을 감수하려고 하지 않을 것이다. 그래서 처음에는 발만 조금 담갔다가 점점 물속으로 들어간다. 그리고 지금은 바닷물이 허리 높이까지 차 있다. 당신은 바닷물 속을 뛰어다니면서 바닷물에 적응하고 마침내 물속으로 다이빙을 한다.

인생을 살면서 겪게 되는 일들도 마찬가지이다. 다른 점이 있다면 물이 없다는 것뿐이다. 타인과 편안한 관계가 되기 전까지는 그 사람을 조금만 신뢰한다. 그런 다음 거래를 하게 되고, 시간이 더 흐르면 그 사람이 자신을 이해할 것이라고 생각한다.

이제 다른 사람들이 당신을 신뢰하기까지 왜 시간이 필요했는지 알 수 있을 것이다. 당신과의 안전한 관계를 원했기 때문에, 당신에 대해 더 많은 것을 알고 싶어 했기 때문에 당신에 대해 저울질하고 있었던 것이다. 그리고 마지막 단계인 다이빙에 도전하게 된다.

3. 신뢰는 믿음의 한 형태이다

당신은 '믿음'이라는 말을 일요일에 교회에 가면 들을 수 있는 단어라고 생각할 것이다. 신뢰도 믿음의 한 형태이다. 왜냐하면 자신의 행동과 그 행동을 함께 하는 사람들을 믿어야 하기 때문이다. 즉 신뢰가 형성되기 위해서는 사람들에 대한 믿음을 가지고 있어야 한다.

나는 개인적으로 먼저 믿음이 있어야 신뢰가 생긴다고 생각한다. 자기 자신을 믿고 다른 사람들을 믿는다. 그런 뒤에야 자기 자신과 다른 사람들을 신뢰하게 된다. 나아가 신뢰가 있다면 위험도 감수하게 된다.

4. 신뢰는 거부감을 낮춘다

사람들은 현재 자신에게 일어나는 상황을 판단하느라 그 자리에 멈춰 서는 경향이 있다. 그런 다음 스스로 판단함과 동시에 다른 사람들의 판단도 생각하게 된다. 누군가 "나는 내가 내린 결정도 못 믿겠어."라고 말한다면, 그는 쉽게 결정을 내리지 못하거나 확고한 사람이 아님을 의미한다.

사람들이 자신의 판단을 신뢰한다고 가정해 보자. 그러면 그들이 당신의 판단을 신뢰할 가능성은 높지 않다. 세일즈의 경우를 생각해 보면 좀 더 이해하기가 쉬울 것이다. 가령 고객이 어떤 세일즈맨을 선택할지 고민하는 모습을 보며, 세일즈맨은 고객이 왜 나를 선택하지 않는지 이해되지 않을 것이다. 그렇다고 고객이 최종 결정을 한 것은 아니므로 고객이 최종 결정을 내릴 때까지 당신은 시험대에 올라야 한다. 고객은 매 순간 당신을 평가하고, 당신의 제품이 제일 좋다면, 고객이 최종 결정을 내리는 순간에는 거부감은 거의 없어질 것이다. 고객은 가격보다 신뢰를 보고 선택하는 일이 훨씬 많다.

5. 신뢰는 장벽을 낮춘다

당신과 타인 사이에 돌로 만들어진 벽이 서 있다면 그 벽을 골칫거리로 생각해서는 안 된다. 오히려 벽을 하나의 징조로 봐야 한다. 왜 이런 징조가 나타나는지 그 이유를 찾고, 벽을 낮추거나 대처할 수 있는 능력을 갖게 되면, 신뢰의 길에 좀 더 가까워질 수 있다. 당신이 지금 마주하고 있는 것이 사람들과의 대인 관계이든 구매할지 말지 생각 중인 물건이든 상관없다. 당신 앞에, 또는 당신과 타인 사이에 놓여 있는 그 벽에는 '신뢰' 또는 '신뢰 부족'이라는 말이 여기저기에 적혀 있을 것이다.

세일즈에서는 장벽을 '거부 의사'라고 잘못 부르고 있다. 거래 가능성이 있는 고객은 이렇게 말할 것이다. "가격이 너무 비싸요.", "현재 거래 업체에 만족해요.", "지금 당장은 새로운 공급 업체와 거래할 생각이 없어요." 하지만 이 말의 진짜 의미는 "나는 당신보다 다른 사람들을 더 신뢰합니다."라는 뜻이다.

이들이 가장 낮은 가격을 부른 업체와 거래하는 것 역시 같은 원리다. 그 가격에 돈을 지불하고 구매할 만큼의 신뢰가 있는 것이다. 만약 당신이 "이 가격에 맞춰 줄 수 있어요?"라는 말을 잠재 고객에게서 들었다고 하자. 이 말은 잠재 고객이 타사의 낮은 가격을 신뢰할 수 없고, 당신과의 거래를 원한다는 뜻이다.

하지만 당신은 어리석게 타사에서 제시한 가격에 맞춤으로써 주문만 하면 그만인 고객에게 당신의 이윤까지 내주고 만다.

6. 우정은 곧 신뢰이다

여러 해 동안 나는 이 말을 철석같이 믿어 왔다.

"모든 조건이 같다면 사람들은 자신과 친한 사람과 비즈니스를 하고 싶어 한다. 모든 조건이 같지 않아도 사람들은 여전히 자신과 친한 사람과 비즈니스를 하고 싶어 한다."

나는 일상생활에서 만났던 불친절한 서비스업계 사람들에게 "친절하다고 해서 따로 돈이 드는 것도 아니지요."라고 말하곤 했다. 하지만 이런 말들도 신뢰 앞에서는 그저 무색할 뿐이다. 당신이라면 친하지도 않은 사람을 신뢰할 수 있는가? 나는 그럴 수 없다.

내가 당신에게 가장 신뢰하는 사람 세 명을 꼽아 보라고 했다고 하자. 장담컨대 그들은 당신이 좋아하는 사람이거나 사랑하는 사람일 것이다. 게다가 당신은 그 세 명 모두와 친한 사이일 것이다.

이제 막 세일즈업계에 들어선 사람이라면 "프로Professional처럼 행동해."

라는 말을 많이 들었을 것이다. 내가 생각하는 '프로'의 의미는 '친하지 않다.'와 '전혀 친하지 않다.' 사이 어딘가에 해당된다. 프로들은 당신이 친해지려고 하거나 마음을 주면 오히려 당황한다. 그러니 프로들을 가까이하지 말라!

친절이란 건물의 기초를 다지는 큰 벽돌과 같은 것이다. 그래서 내가 사람들을 사귀거나 관계를 맺고자 할 때, 그들이 나에게 아주 친절했으면 좋겠다.

내가 심술궂은 사람을 신뢰하는 일은 결코 없을 것이다. 하지만 어떤 사람이 한 분야의 전문가라면 아마도 그를 믿게 될 것이다. 게다가 그 사람이 친절하다면 그에 대한 신뢰의 장벽은 거의 사라질 것이다.

당신은 얼마나 친절한 사람인가?

7. 비즈니스 관계는 곧 신뢰이다

당신의 고객들 가운데 최고 고객 열 명과, 당신의 비즈니스 관계자 가운데 최고라고 생각되는 열 명을 떠올려 보라.

세일즈에 종사하는 사람이라면 아마도 두 리스트의 사람들이 같을 것이다. 그렇다면 그들은 당신을 얼마나 신뢰하는가?

만약 당신의 답변이 "아주 많이 신뢰한다." 또는 "맹목적으로 신뢰한다."라고 하자.

그 사람들이 언제 당신에게 "맹목적으로 신뢰한다."라고 했는지 나에게 말해 달라.

내 물음에 대한 당신의 답변은 "할 수 없다."이다. 신뢰라는 것은 서서히 만들어지는 것이기 때문이다.

당신이 고객과 약속을 한 다음 그 약속을 이행한다고 하자. 고객은 주문한 것을 어떤 방법으로 어떤 시간에 어떻게 배달되기를 원한다. 그러면 당신은 고객의 기대 이상으로 이를 실행할 준비가 되어 있어야 한다. 또한, 고객이 전화를 걸어 도움을 청하면 도움을 주어야 한다. 근무 시간이 끝난 후에 고객이 전화를 해도 5분 안에 전화를 받아야 한다.

위의 경우들이 바로 관계를 형성하는 데 중요한 역할을 하는 요소들이다. 각각의 경우에서 당신이 한 행동이 서서히 신뢰를 쌓아서 믿을 만한 사람, 의지할 만한 사람, 또는 '서비스맨'이라는 평판을 얻게 된다.

위에서 말한 행동 하나만으로는 신뢰를 만들 수 없다. 행동 하나하나가 모여서 신용을 쌓고 신용의 행동(때론 놀라운 행동)이 모여 신뢰가 된다. 당신은 얼마나 신용이 있는 사람인가? 당신은 얼마나 놀라운 사람인가?

8. 비즈니스 거래의 기본은 신뢰이다

세일즈와 비즈니스 거래가 반드시 같다고 볼 수는 없다. 비즈니스 거래는 좀 더 고차원적인 세일즈 또는 고차원적인 협의라고 할 수 있다. 회사 자산을 늘리기 위한 합작 투자, 회사 설립 또는 거대한 신뢰를 필요로 하는 거래가 이에 해당된다. 또한 비즈니스 거래는 믿음, 자신감 그리고 가치 인식에서 시작된다. 기업가나 최고 책임자급 사람이 이렇게 질문할 수도 있다. "그 일이 진행할 만한 가치가 있습니까?"

때론 수치상의 자료가 좋아 보일 때가 있다. 수치상의 자료는 좀 더 이성에 가깝기 때문이다. 그러나 거래를 성사시키는 것은 이성이 아닌 감정적 측면이라는 것을 잊지 말아야 한다.

다른 사람들은 나를 믿음직하다고 생각하는가? 나는 사람들과의 관계 또는 비즈니스 거래에서 성공과 이윤 창출에 대해 얼마나 확신하는가? 이 거래가 내 자신과 타인에게 주는 가치는 무엇이라 생각하는가? 나는 위의 질문들에 대한 해답을 찾아내고, 관련된 사람들을 쭉 떠올려 보고는 다음과 같은 질문을 자신에게 던졌다. "나는 이 사람들을 신뢰하는가?", "나는 이 사람들이 얼마나 진실되고, 믿을 만하고, 존경할 만하다고 생각하는가?", "내가 이들을 믿는다고 했을 때 다른 사람들의 생각은 어떤가? 그들의 평판은 어떠한가?"

당신이 최근에 맺은 서너 개의 거래들을 생각해 보자. 그 속에서 어떻게 신뢰가 발전하고 만들어졌는지 분석해 보라. 이 분석이 다음 거래 100개를 성사시키게 도와줄 것이다.

여기서 주의할 것이 있다. '탐욕 요소'가 발생할 수 있기 때문이다. 모든 텔레비전 광고가 공포, 탐욕, 그리고 허영심에 근거한다는 말이 있다. 이러한 요소들이 모티브가 되어 사람들에게 메시지를 전달한다. 전형적인 인포머셜 informercial. information과 commercial을 합친 말로, 구체적인 정보를 제공하는 상업 광고를 말함 또한 당신이 얼마만큼의 이익을 얻을 수 있는지에 기초해서 말한다. 그것이 부동산 거래이든, 당일 매매 또는 이익 창출이 확실한 비즈니스 계획이든 상관없다. 인포머셜이 전달하고자 하는 핵심적이고 매력적인 메시지는 '돈이 된다.', '돈이 절약된다.'이다. 하지만 탐욕은 이성적 사고와 의사 결정을 방해한다. 탐욕은 신뢰보다 더 감정적이다.

"사실이라고 하기에는 너무 그럴듯한 말은 믿지 않는 것이 좋다."라는 말이 있지만, 아직까지도 100만 명 중에 10명 정도의 사람들은 옳은 충고마저도 무시해 버린다. 그러고는 탐욕 가득한 얼굴로 하던 일을 계속 진행한다. 돈에 대한 집착으로 눈이 멀어 버린 것이다.

9. 거래는 시간이 흐를수록 신뢰가 된다

세탁소에 옷을 맡길 때마다 옷 단추가 분실된다면 당신은 다른 세탁소를 알아볼 것이다. 새로 거래를 시작한 세탁소에 옷을 한가득 맡겨 봤더니 솜씨가 괜찮았다면 다시 그리고 또 다시 그 세탁소에 옷을 맡기게 될 것이다. 그러다가 좀 더 까다로운 옷, 고가의 옷까지도 맡긴다. 언젠가는 세탁소 주인이 당신의 이름까지 외울 것이다. 아주 서서히 당신은 세탁소 주인을 신뢰하게 되고 마침내 친밀한 관계가 맺어져

한두 번 실수를 해도 관계는 굳건히 그리고 오랫동안 이어진다.

위와 같은 일을 누구나 한 번쯤은 경험해 봤을 것이다. 당신의 주치의나 경리, 변호사, 미용사 또는 기타 사람들과 관련해서도 다를 바 없다. 이들과의 관계도 시간이 흐름에 따라 믿음이 깊어지고 그 관계 역시 지속된다.

하지만 주의해야 할 것이 있다. 바로 자기만족이다. 당사자는 대충 하는데 그가 최선을 다한다고 믿어서도 안 된다. 뜻밖의 함정은 바로 길 건너, 모퉁이 근처나 복도 끝 어딘가 당신과 아주 가까운 곳에 숨어 있다.

나는 매 순간 자질을 시험함으로써 서로에게 충실한 관계 유지를 선호한다. 내가 항상 원하는 것은 상대방의 빠른 대답이 아니라 최고의 반응이다.

10. 세일즈의 기본은 신뢰이다

내가 쓴 다른 책을 본 적이 있다면 그 책들에서 몇 가지 공통점을 발견했을 것이다. 바로 가치, 차별화, 친절, 믿음, 열정, 그리고 우수함이다. 고객에게 제품을 소개할 때 이 모든 요소들이 존재한다면 당신은 고객의 신뢰를 얻을 수 있다. 신뢰를 얻는 순간 구매로 연결될 가능성도 높아진다.

하지만 고객과의 만남이 좋은 결과로 이어지기 위해서는 세일즈맨이 어떻게 하느냐가 중요하다. 당신은 계약하는 그 순간을 세일즈의 완료 단계라 생각하겠지만 나의 생각은 다르다. 계약을 완료하는 순간 또 다른 관계가 시작(또는 연속)된다고 생각한다. 서로를 신뢰하는 사이라면 굳이 계약을 하지 않는다. 서로 거래할 가치가 있다고 믿으며 상호 간에 동의하는 것이다.

세일즈맨들이 거래와 관련된 모든 상황에서 스스로에게 던져 보아야 하는 질문은 다음과 같다.

"과연 맞는 것이 있을까? 내가 소개하는 제품과 고객의 니즈, 고객의 지불 능력이 맞아떨어지는가?"

맞는 것이 있다면 당신과 고객 사이의 신뢰, 편안함, 그리고 제품의 판매는 성사된 것이나 마찬가지다.

하지만 여기에도 당신이 모르는 부분이 있다. 가령 두 기업에서 똑같은 제품을 판매하고 있다고 하자. 그리고 한 세일즈맨이 이렇게 말한다. "고객님은 모르시겠지만 경쟁 업체 때문에 거래 금액이 자꾸 내려가고 있어요." 이런 말을 들으면 나는 이렇게 말한다. "모르고 있는 사람은 당신이네요. 당신과 고객이 맺은 관계, 그리고 신뢰가 제대로 형성되지 않아서 결국 고객은 최고보다 가격을 선택한 것이지요."

당신이 고객과 맺은 계약의 비율은

당신이 고객에게서 얻은 신뢰의 정도에 정비례한다.

−제프리 지토머

11. 신뢰는 'Yes'와 'No'를 이어 주는 연결 고리이다

당신이 상대방의 신뢰를 얻기 전까지는 그 사람에게 무엇을 원하든 그 사람의 대답은 항상 'No!'이다. 당신이 상대방의 신뢰, 또는 신뢰와 같은 무엇을 얻기 전까지는 그 사람을 아무리 설득해도 꿈쩍하지 않을 것이다.

우리가 약속을 잡거나 누군가에게 데이트를 신청할 때를 생각하면 쉽게 이해할 수 있다. 이 순간만큼은 상대방이 당신에게 가지고 있는 신뢰의 정도가 'Yes'라는 대답을 결정한다! 또한 당신이 상대방에게 부탁하는 것의 가치가 높으면 높을수록 더 굳건한 신뢰가 필요하다. 1천만 달러 상당의 거래 혹은 청혼을 할 때는 결정적인 신뢰가 필요하다.

12. 신뢰는 파란불이다

상대방의 신뢰를 얻었다고 해서 모든 것이 끝난 것은 절대 아니다. 대신 그 신뢰의 가치에 대해 더 이상의 의심 없이 당신의 속도로 전진해도 된다는 허락의 의미는 된다. 신호등의 파란불은 순식간에 켜졌다 꺼지는 불이 아니다. 그건 오히려 노란불이다. 노란불은 조심하라는 신호를 알리기 때문이다.

파란불일 때는 다른 사람에게 많은 정보를 전달해도 된다. 상대방도 그 정보를 긍정적으로 받아들일 수 있음을 의미한다. 그러나 주의해야 할 사항이 한 가지 있다. 당신이 전달하는 정보가 이를 수용하는 사람에게 가치 있고 의미 있는 것이어야 한다.

13. 대인 관계는 곧 신뢰이다

당신이 이제까지 살아오면서 신뢰를 준 사람들을 한번 떠올려 보라
(비즈니스 관계의 사람들과 반대로 생각하면 된다). 예를 들어 친구들, 가족
들, 배우자 또는 특별한 사람들이 있을 것이다. 그들과의 신뢰는 어떻
게 만들어졌는가?

특히 가족이나 배우자, 또는 특별한 사람과 관련해서 어떤 이유로 신
뢰가 깨진 적이 있는가? 그런 적이 있다면 깨진 신뢰를 회복하기까지
얼마의 시간이 걸렸는가?

사람들과 신뢰를 쌓기까지는 긴 시간이 필요하다. 하지만 '아차!' 하
는 순간에 당신의 잘못된 행동이나 불신으로 신뢰가 무너져 버린다.
그 결과 그 사람과의 관계는 더 이상 행복하지 않거나 영원히 끝나
버린다.

지금까지 나는 최고의 태도, 성실, 신뢰, 그리고 진실을 배울 수 있는
곳은 가정이라고 사람들에게 말해 왔다. 가정이야말로 당신에게 가
장 큰 의미가 있는 곳이다. 놀라운 것은 신뢰가 가장 많이 깨지는 곳
또한 가정이다.

주례사는 말한다. "건강할 때나 아플 때나 기쁠 때나 슬플 때

나 함께 할 것을 약속합니까?" 그런데 왜 "진실을 말할 때나 신뢰할 때나"라는 말은 빠져 있을까?

당신과의 신뢰가 맹목적이고 견고한 친구들이나 관계에 대해 생각해 보자. 단순히 그 사람들만 생각하지 말고 이들과의 관계를 굳건히 해주는 점들을 적어 보자. 가장 친한 관계는 시간과 함께 서로의 믿음, 진실, 의지를 바탕으로 서서히 발전했을 것이다. 이러한 사실을 당신이 깨닫기를 바란다.

이 사실을 깨달았다면 당신이 아직까지 신뢰를 받지 못한 사람들에게 이 비결을 적용해 볼 차례이다. 기억해야 할 것은 신뢰는 최종 결과물이지 출발점이 아니라는 것이다.

14. 결혼 생활의 바탕은 사랑과 신뢰이다

(이 사항은 매우 민감한 부분이다. 내가 어떠한 말을 하든 누군가는 분명 내 의견에 동의하지 않을 수 있다.) 나는 앞에서 관계에 대한 나의 기본적인 생각들을 말했고, 이제 결혼에 있어서의 신뢰에 관해 말하고자 한다.

사람들은 결혼이라고 하면 굉장히 이상적이고 사랑스러운 것이라고 생각한다. 하지만 시간이 흐를수록 50퍼센트가 넘는 부부들 사이에서는 사랑이 점차 식어서 희미해지거나 완전히 사라져 버린다. 마침내 누가 텔레비전을 가져가네, 누가 집을 가져가네 하면서 싸운다. 그러는 사이 자녀들은 마음의 상처를 받는다.

내가 대인 관계 분야에서 박사 과정까지 공부를 한 건 아니다. 물론 심리학자도 아니다. 하지만 오늘날까지 있었던 내 경험에 대해 말해 줄 수는 있다. 신뢰가 있으면 관계도 있다. 그렇지만 당신이 아무리 열심히 노력해도 그 신뢰를 되돌려 받기란 결코 쉽지 않다.

15. 신뢰는 자신과 타인에 대한 자신감을 만든다

자신감에는 세 가지 요소가 있다. 첫째, 내 자신에 대한 자신감. 둘째, 내가 타인에게 주는 자신감. 셋째, 타인이 나에게 주는 자신감.

자신에 대한 자신감은 주위 환경과 관계를 포함한 모든 것에서 시작된다. 그러나 내가 보는 자기 자신감의 핵심은 자신의 스타일을 파악하고 이에 따라 행동하는 것이라고 생각한다. 당신의 말과 행동은 서로 일치하는가? 맡은 일을 끝까지 마무리하는가? 당신은 믿고 의지할 만하며, 진실되고 솔직하며, 자발적이며, 신뢰할 만한 사람인가?

당신의 자신감을 통해 다른 사람들은 확신을 전달받는다. 다들 알겠지만 당신이 과거에 성공한 경험이 많으면 다른 사람에게 당신의 자신감과 확신을 좀 더 쉽게 전할 수 있다.

대부분의 사람들은 남을 쉽게 믿지 않는다. 절대 잊지 말라. 당신이 말을 하면서, 행동을 하면서 상대방을 평가하듯이 그들 역시 당신을 평가하고 있다! 당신에 대한 사람들의 평가 결과는 당신을 신뢰할지의 여부를 결정짓는다.

내가 앞에서 말했던 법칙을 인용해 보자. "그들은 당신을 좋아하는가? 당신을 믿는가? 당신에 대해 확신을 가지고 있는가? 당신을 신뢰하는가?"

흥미로운 점은 이 질문에 대한 답을 당신이 직접 통제할 수 있다는 것이다. 만약 당신이 지금 긍정적인 결과를 예상하며 대인 관계, 거래 또는 세일즈에 임한다면, 상대방의 확신과 신뢰를 좀 더 쉽게 얻을 수 있다. 또한 자신감과 관련한 요소로 '평판'을 생각해야 한다. 사람들 사이에는 당신과 관련한 평판이 있다. 또한 당신이 상대하는 사람들, 당신과 관련된 사람들에게도 평판이 존재한다. 평판의 일부는 예전의 거래에서 시작된 것도 있을 것이다. 당신과 어떤 사람들의 관계가 아무리 이상적이라 해도 과거의 일과 관련된 평판으로 확신과 신뢰가 사라질 수 있다.

잠시 동안 자신의 과거를 되돌아보자. 이제까지 살아오면서 당신이 전적으로 신뢰하는 사람들이 있는 반면에 전혀 신뢰하지 않는 사람도 분명 있을 것이다. 당신이 왜 그 사람들을 신뢰하고 왜 신뢰하지 않는지 그 이유를 말해야 한다고 하자. 그 순간 당신도 몰랐던 자신의 신뢰 범위를 발견하게 될 것이다.

예를 들어 증권 중개인이 당신에게 전화를 걸어서 어떤 거래를 제안한다. 주가가 하락세에 있고 오늘 주식을 사들이면 엄청난 돈을 벌 것

"당연히 너를 신뢰하지. 너는 정직하거든.
사실 너를 보면 꼭 나를 보는 것 같아."

이라고 장담한다. 하지만 당신은 이 사람에게서 오늘은 물론 앞으로
도 주식을 살 마음이 없다.

반대로 당신과 개인적인 친분이 있는 증권 중개인이 전화를 해서 똑
같은 주식을 사라고 제안한다. 아까와 똑같은 말로 주식을 사라고 말
했다고 하자. 이때 당신이 주식을 구매할 가능성은 상대적으로 높아
진다. 당신은 지금 전화를 하고 있는 상대를 신뢰하기 때문이다.

기억하라! 신뢰는 매우 주관적이며, 다른 사람의 영향을 쉽게 받는다.
변덕도 심하고, 개인의 판단에 좌우된다. 그래서 나는 신뢰를 최대한
여러 관점에서 정의하고자 노력했다. 이렇게 해서라도 신뢰의 과정 속
에 숨어 있는 미묘한 차이를 당신에게 알려 주고 싶었다. 신뢰는 인간
의 사회적 상호작용 중에서 최고 수준에 해당되기 때문에 매우 복잡
한 것이기도 하다.

반면에 쉬운 점도 있다. 다른 사람이 당신을 신뢰하지 않는다면, 그 이유는 당신이 그 사람의 신뢰를 얻지 못해서이다.

신뢰를 얻는 중요한 비결은 지금 이 순간 신뢰가 없는 이유를 밝혀내고, 신뢰를 얻기 위해 조금씩 노력하는 것이다.

이보다 더 중요한 비결은 당신이 타인의 신뢰를 얻는 순간 그 신뢰를 지키기 위해 고군분투해야 한다는 것이다.

그리고 가장 중요한 비결은 타인의 신뢰를 얻기 위해서 당신 스스로 믿을 만한 사람, 그리고 신뢰를 베푸는 사람이 되어야 한다는 것이다.

신뢰는 어디에나 존재하며 전능한 힘을 가지고 있다.

1. 신뢰는 리스크이다.

2. 최초의 신뢰는 일시적이다.

3. 신뢰는 믿음의 한 형태이다.

4. 신뢰는 거부감을 낮춘다.

5. 신뢰는 장벽을 낮춘다.

6. 우정은 곧 신뢰이다.

7. 비즈니스 관계는 곧 신뢰이다.

8. 비즈니스 거래의 기본은 신뢰이다.

9. 거래는 시간이 흐를수록 신뢰가 된다.

10. 세일즈의 기본은 신뢰이다.

11. 신뢰는 'Yes'와 'No'를 이어 주는 연결 고리이다.

12. 신뢰는 파란불이다.

13. 대인관계는 곧 신뢰이다.

14. 결혼 생활의 바탕은 사랑과 신뢰이다.

15. 신뢰는 자신과 타인에 대한 자신감을 만든다.

우리가 전적으로 믿는 사람의 존재를 대신할
기쁨은 거의 없다.

·

조지 맥도널드 George Macdonald

어떤 사람을
신뢰할 수 있는가?

신뢰받는 사람들은 특징이 있다

책을 읽다 보면 작가의 사상이나 주장을 분명히 드러내는 경우가 있다. 예를 들어 《이솝우화》를 보면 이솝은 뭔가 핵심이나 교훈이 있는 이야기들을 우리에게 전달한다. 신뢰를 이해하고, 신뢰를 가르치고, 또 신뢰받는 사람이 되는 이야기도 마찬가지이다.

다음에 소개하는 이야기들은 사람과 사람 사이에 존재하는 신뢰의 특성을 명확하게 보여 준다. 나의 이야기들을 들으며 당신의 이야기도 생각해 보기 바란다. 당신의 이야기를 통해서 신뢰의 특성을 명확하게 알게 될 것이다.

내가 처음 샬럿Charlotte으로 이사했던 1988년, 나에게는 돈이 한 푼도 없었다. 때마침 컨설팅업과 관련해 계약을 하게 되었다. 내가 맡은 일은 최고의 비즈니스 전문가들을 인터뷰해서 비즈니스 잡지를 완성하고 광고를 판매하는 일이었다. 내가 처음으로 영업 전화를 건 사람은 짐 리긴스Jim Riggins였다. 그는 복사기와 각종 오피스 용품을 판매하는 '테크노컴Technocom'이라는 회사를 운영하고 있었다.

나는 전화도 모자라 짐을 직접 만나 1시간 반 동안 설명하고 대화를 나누었다. 마침내 짐은 전면 컬러 광고를 계약하고, 그 자리에서 바로 결제를 해 주었다. 그런 다음 나에게 물었다. "나를 위해서 무엇을 해 줄 것입니까?" 나는 당황해 하면서 "현재로서는 복사기를 구매할 예산이 없지만 곧 함께 비즈니스를 할 날이 올 것입니다."라고 말하고는 자리를 떠났다.

다음 날 아침, 누군가 내 아파트 겸 사무실의 문을 두드렸다. 배달원이 복사기 하나를 들고 서 있었다. "짐 리긴스 씨가 이 복사기를 여기로 배달하고 당신에게 전하라고 했습니다. 일단 무료로 쓰시다가 나중에 금전적 여유가 생기면 그때 돈을 지불하라고 하셨어요."
순간 나는 너무나 놀랐다. 이 일은 20년 전에 있었던 일이고, 그때의 거래는 약 25만 달러에 달하는 것이었다. 그리고 리긴스는 지금도 나의 믿음직한 친구이다.
수년 동안 리긴스와 나는 긴요하고 은밀한 비즈니스 관련 이야기들을 나누어 왔다. 나는 그의 회사 광고를 잡지에 다수 실었고, 교육 프로그램도 무료로 제공했다. 하지만 처음 그가 보낸 뜻밖의 선물 때문에 아직까지도 그에게 무언가를 빚진 것 같은 마음이다.

이 이야기에는 수많은 신뢰의 특징이 들어 있다. 신뢰를 얻기 위해서는 먼저 신뢰를 주어야 한다. 또 하나, 뜻밖의 (진실한) 손길은 곧 신뢰로 이어진다. 그리고 시간의 흐름에 따라 신뢰도 천천히 자란다.

정확히 기억나지는 않지만 당시 나는 비행기를 타고 어디론가 가고 있었다. 내 옆 통로 좌석에 앉은 남자는 무척이나 호감을 주는 인상을 갖고 있었다. 나는 그에게 말을 걸었는데 그의 이름은 월터 퍼트넘Walter Putnam이었다. 그는 노스웨스턴 뮤추얼 라이프Northwestern Mutual Life 회사에서 보험 에이전트로 일하고 있었다. 내가 물었다. "최근에 그 회사 건강 부서에서 세미나를 진행한 적이 있어요. 당신도 수지 존슨Suzy Johnson 이라는 사람을 알겠네요?" "알다마다요. 그녀와 함께 일하고 있어요." 월터는 이렇게 말하면서 MDRT Million Dollar Round Table, 생명보험업계에서 고소득 설계사들이 모인 전문가 단체에서 강연한 적이 있느냐고 물었다. 없다고 하자 나에게 강연을 할 의사가 있는지 물었다. 나는 "물론이지요!"라고 답했다. 그는 자신이 MDRT 선발위원회에 소속되어 있다고 설명하면서, 자신이 가능한 방법을 찾아보겠다고 했다.

나는 선발위원회 사람들 앞에서 세 번이나 면접을 봐야 했다. 또한 내가 작성한 기사들도 검사를 거쳤다. 그로부터 120일 뒤, 전 세계에서 모인 5천 명의 보험 에이전트들이 앉아 있는 가운데 중앙 무대에 서서 그들에게 강연을 했다. 이 모든 일이 우연이었고, 인간관계이자 월터 퍼트넘 덕분이었다.

먼저 가치를 제공하면 이는 곧 신뢰가 된다.

월터와 처음 만났을 즈음 나에게는 나에게는 그 어떤 '파이낸셜 플랜financial plan'도 없었다. 하지만 이제는 내 가족을 위해서 계획이 필요하다고 느끼고 있었다. 그리고 내 새로운 친구 월터 퍼트넘이라면 나의 '파이낸셜 플래너financial planner'가 되어 줄 수 있을 것이라고 생각했다.

그 2년간 나는 월터와 함께 몇 번의 만남을 가졌다. 그렇다고 이 만남이 판매를 목적으로 하는 것은 아니었다. 그저 점심이나 같이하거나 야구, 모금 행사, 일반 사교의 목적이 전부였다.

그러던 어느 날, 월터가 보험 서류가 든 가방을 들고 보험 판매를 위해 정식으로 우리 집을 찾아왔다.

그의 첫 질문은 이러했다. "당신이 가장 신뢰하는 세 명의 조언자는 누구인가요?" 질문이 특이하고 어려워서 나도 모르게 흠칫했지만 곧 대답했다. "월터, 제가 이제까지 받은 질문 중에 최고인 것 같군요."

독자들도 이미 잘 알고 있겠지만 나는 질문하기 분야의 전문가이다. 그리고 이 점이 바로 경쟁자들과 내가 차별화되는 부분이다. 또한 나는 지금까지 이 분야에 관련해서 수많은 글을 써 왔다. 나는 월터의 질문을 내 질문 리스트의 상위권에 올려 두었다.

나는 월터의 질문을 곰곰이 생각한 뒤에 세 명의 이름을 말했다. 그러자 월터는 "이번엔 그 사람들에 대해 좀 더 자세히 말해 보세요."라고 했다. 그래서 나는 자세히 말했다. 월터는 내가 '질문하기의 두 번째 단계'라고 부르는 감정적인 부분으로 나아갔다. "제프리, 그 사람들이 어떻게 당신이 신뢰하는 조언자가 되었는지 말해 주세요." 첫 번째 이야기가 끝날 무렵 나는 울고 있었고, 세 번째 이야기가 끝나 갈 즈음에는 맨정신으로 그에게 수표를 쓰고 있었다. 월터는 나에게서 이성적이며 감정적인 신뢰를 모두 획득한 것이다. 그렇게 지난 10년간 나는 매달 그에게 수표를 써 주고 있다.

특히 돈과 관련하여 차별화된 질문을 던지면 곧 신뢰에 이르게 된다.

나는 노스캐롤라이나 North Carolina 샬럿에 있는 오래된 공장 건물을 구입해서 이를 개조해서 살고 있다. 이 공장은 벽면이 벽돌로 이루어진 나무 건물로, 1930년대에 지어졌다.
나는 공장 건물들을 사들이고, 벽을 허물어 각 공간을 연결하는 작업

을 시작했다. 일을 맡아 줄 사람이 필요해서 친구 케이티 타일러Katie Tyler
에게 전화를 걸어 좋은 건설업자가 있으면 추천해 달라고 했다. 그녀는
잠시의 망설임도 없이 대답했다. "투웰브 스톤Twelve Stone에서 일하는 마이
크 앨런Mike Allen이 좋겠는데. 그래, 마이크가 제격이지."

내가 마이크에게 맡긴 첫 번째 프로젝트는 간단했다. 두 동의 공장 벽에
구멍을 뚫고 그 사이에 클래식 스타일의 문 두 개를 설치하는 것이었다.
그의 작업 솜씨는 정말 대단했다. 더욱이 작업 과정은 더할 나위 없이
깨끗했다. 심지어는 그가 작업을 시작하기 전보다 작업을 마치고 돌아
갔을 때의 작업 현장이 더 깨끗할 정도였다. 그날 딱 한 번만 그런 것도
아니다. 매번 그가 작업을 한 날은 주변이 항상 깨끗했다.

나는 어릴 적부터 건축 작업을 하는 모습을 보며 자랐다. 아버지는 집
짓는 일을 했고 부엌 수납공간을 만드는 회사를 운영했지만 이제까지
마이크 같은 건축업자를 본 적도, 알고 지낸 적도 없다.

10년 전 그에게 처음 일을 맡긴 그날 이후 나는 마이크에게 100건이 넘
는 작업을 맡겼다. 4미터쯤 되는 나선형 계단을 만드는 일에서부터 벽을
꾸미는 작업까지 다양했다.
10년의 시간 동안 나는 마이크 앨런에 대한 신뢰를 쌓았고 개인적인 친
분 관계도 만들었다. 그는 건축업자 외에 선교사로도 활동했다. 한 가족

의 가장이며 학생(내 책을 읽기도 한다)이고, 나의 친구이다. 마이크의 뛰어
난 기술과 역량, 게다가 놀랄 만큼 깨끗한 그의 작업 모습이 그를 신뢰
하게 만든 것이다.

훌륭한 기술과 역량은 곧 신뢰로 이어진다.

언젠가 나는 유산 승계 계획을 세워야 할 필요성을 느꼈다. 약간의 돈을
보유하고 있었고, 재산 위탁 및 상속, 유언장과 관련된 내용들을 정부의
개입을 최소화하는 방향으로 문서로 남기고 싶었다.

내 오랜 친구들 중에도 이와 관련된 일을 하는 변호사 몇 명이 샬럿에
살고 있었다. 나는 그들에게 전화를 걸어 약속을 잡은 다음 너희 가운
데 최종적으로 한 명만 선택할 것이라고 미리 말했다. 변호사 친구들 중
에는 20년 지기 친구인 릭 마쉬Rick Marsh도 있었다.
릭은 변호사뿐 아니라 공인회계사 자격증에 조세 분야에서 석사 학위
를 받고, MBA Master of business Administration까지 이수해 괜찮은 이력을 가지고
있었다. 릭과 약속한 날, 릭은 웃으며 나의 사무실로 들어왔는데 손에는
두꺼운 서류 파일 하나가 들려 있었다.
내가 인사를 하고 다른 말을 하기도 전에, 릭은 정부 청사 사진이 들어
있는 금색 액자 하나를 꺼내서 책상 위에 세웠다.
릭이 물었다. "자네, 이 건물이 무슨 건물인지 알고 있나?" "잘 모르지

만, 정부 청사처럼 보이기도 하고." "이건 국세청 건물 사진인데 자네를
위해 가져온 선물이지. 매일 볼 수 있게 책상에 올려놔. 그리고 사진을
보면서 한번 생각해 봐. 네 삶이 끝나 갈 때 어떤 일이 한두 가지 생긴다
고 치자. 정부가 네 돈을 몽땅 가져가거나 네 자식들이 그 돈을 받게 되
거나 하겠지. 나는 네 돈을 모두 네 자식들이 받게 해 주려고 오늘 여기
에 온 거야." 나는 망설이지 않고 답했다. "좋아, 함께 일해 보자고!"

릭의 프레젠테이션은 내가 이제까지 본 것 중에 가장 창의적이고 칭찬
할 만한 1분 세일즈 프레젠테이션이었다. 나는 그 사진을 내 책상 위에
올려놓고 2개월 동안 릭과 서류와 자료를 주고받았으며, 마침내 사인과
함께 모든 작업을 끝마쳤다. 마치 내 어깨 위에 있던 무거운 짐을 누군
가 덜어 준 것 같았다. 게다가 내 재산을 확실하게 보호해 줄 열정을 가
진 사람을 선택했다는 기분도 들었다. 나는 릭 마쉬를 절대적으로 신뢰
하게 된 것이다.

솔직한 진실은 신뢰로 이어진다. 창의성도 신뢰로 이어진다. '와
우!'라는 감탄사 역시 신뢰로 이어진다.

어느 날, 홈디포Home Depot의 공동 설립자인 아서 블랭크Arthur Blank가 샬럿의
우수 기업가들에게 하는 기조연설을 들으려고 노스캐롤라이나 샬럿 조
찬 모임에 참석했다.

나와 같은 테이블에 함께 앉았던 사람들 가운데 두 명은 안면이 있는 사람이었다. 그중 한 명은 은행원으로, 당시 내가 거래하던 퍼스트 시티즌 은행First Citizens Bank에서 스코티시 은행The Scottish Bank으로 옮겨 간 사람이었다. 다른 한 명은 젊은 기업가 브라이언 파슬리Brian Parsley였다. 브라이언은 최근까지 운영하던 온라인 채용 사업체를 다른 사람에게 팔고 어떤 사업을 할지 모색하고 있었다.

그날 하루 동안 두 가지 일이 일어났다. 그 은행원은 나에게 대출을 제안하며 관계를 계속 이어 가자고 말했다(나는 그의 제안을 받아들였고, 그때의 신용장 한도를 아직도 가지고 있다. 그때가 1999년도였다). 그리고 나는 브라이언과도 대화를 나누었는데, 전문적인 강연을 해 보고 싶다는 의향을 내비쳤다. 내가 말했다. "잠깐 내 사무실에 와서 어떤지 한번 보세요." 브라이언은 내 사무실로 찾아왔고 그 이후로 계속 찾아왔다. 일단 그에게 비즈니스 매니저 일을 시켰다. 그런 다음 내 강연 스케줄이 중복될 경우 그가 대신 강연할 수 있도록 했다. 물론 내 강연 자료를 그에게 주었다. 그의 강연은 곧바로 히트를 쳤고 그는 청중에게 많은 사랑을 받았다.

나는 브라이언의 강연 모습을 비디오로 촬영하고 코칭을 한 뒤, 다시 비디오로 촬영하고 코칭을 했다. 그의 강연에 12번이나 참석했고, 12번 더 코칭을 했다. 그리고 8년 후인 지금까지도 나는 친구로서 그리고 멘토로서 그를 코칭하고 있다. 브라이언은 나의 코칭을 진지하게 받아들였고,

내 조언도 귀담아 들었다. 브라이언은 강연을 할 때마다 발전된 모습을 보여 주었다.

브라이언은 짧은 시간 안에 우수한 수준에 도달했다. 그에게 배우고자 하는 마음이 있었고, 또 열심히 노력했기에 가능한 일이었다. 자신이 가지고 있는 지혜를 청중에게 전달하는 그만의 능력도 한몫했다.

나는 브라이언이 자신만의 강연 능력으로 내가 전달하고자 하는 메시지를 고객들에게 잘 전달할 것이라고 믿는다. 그 역시 수많은 상황에서 수백 번이나 이를 증명해 왔다. 강연자로서 그가 겪는 어려움을 나 또한 잘 이해하고, 역경을 헤쳐 나가는 그의 모습을 존중한다. 그렇기 때문에 앞으로 20년 동안 브라이언이 더 크게 성장하고 발전하는 모습을 지켜볼 수 있기를 바란다.

신뢰를 주는 것이 곧 신뢰를 얻는 것이다.

내가 사업을 시작한 지 얼마 되지 않았을 때였다. 나는 아버지를 통해 법률 고문 한 분을 구했다. 나는 그를 신뢰하고 존경했기 때문에 그의 조언을 원했다. 신뢰 덕분에 우리는 좀 더 가까워질 수 있었다. 그에게는 다소 냉소적이고 부정적인 면이 있었지만 이런 것들이 그의 지성이나 조언에 영향을 주지는 않았다.

그가 주로 하는 말이 있었다. "변호사는 법적인 조언을 해 주는 사람이지 비즈니스 관련 조언을 하는 사람이 아닙니다."

나는 미키 애버먼Mickey Aberman을 알기 전까지 내 법률 고문의 말을 극히 신성한 것으로 받아들였다. 미키는 내 마음에 쏙 드는 변호사로, 법률보다 더 프로페셔널하게 보이는 사람이었다. 게다가 그의 통찰력은 법률을 훨씬 뛰어넘는 수준이었다.

미키는 훌륭한 변호사일 뿐만 아니라 사람 자체도 매우 훌륭했다. 그는 계약서만 보고도 앞으로 5년간의 진행이 어떻게 될지 말해 주었다. 미키가 주로 보는 것은 목적, 내용, 합법성, 영향력, 여파, 결과, 그리고 내가 그에게 주는 충성심이었다. 그리고 그의 일 처리 속도는 정말 감탄할 지경이었다!

미키로 인해 변호사로부터 비즈니스 자문을 받지 않겠다던 나의 장벽이 무너졌다. 미키와 나의 관계가 계속되는 한 그 장벽은 더 이상 생기지 않을 것이다.

지난 10년간 미키 애버먼은 나의 친구였다. 가끔 점심을 함께 하자고 회사로 불렀고, 크리스마스 파티(우리 둘 다 유태인이지만) 때는 잊지 않고 그를 초대했다.

뛰어난 지식과 진심이 담긴 도움은 신뢰로 이어진다.

어느 토요일 아침이었다. 퍼스트 시티즌 은행에서 일하는 윌리엄 브래디

William Braddy에게서 전화 한 통을 받았다. 아인슈타인 베이글Einstein's Bagels 가게에서 만났는데, 퍼스트 시티즌 은행에서 더 이상 나에게 자금을 지원하지 않기로 했다는 사실을 전했다. 나뿐만 아니라 윌리엄의 기업인 고객들이 더 이상 지원을 받을 수 없는 상황이 되어서 윌리엄은 은행을 떠나야 했다.

이런! 윌리엄은 내가 거래하는 은행원이고, 내 6년 지기 친구다. 게다가 내가 퍼스트 시티즌 은행과 거래한 지도 17년이나 되었다. 그런데 이게 도대체 무슨 일인가?

윌리엄은 와코비아 은행Wachovia Bank에서 일하는 자신의 친구와 내가 만날 수 있게 약속을 잡아 주겠다고 했다. 그쪽 은행은 분명 나와 거래할 의사가 있을 거라며 나를 안심시켰다. 하지만 몇 주 동안이나 '부자 은행원'이라고 불리는 그 사람과 만나기 위해 노력했음에도 불구하고 그의 느린 답변에 나의 실망감은 커져 갔다. 아마도 그는 내가 그다지 부자가 아니라고 생각한 것 같다.

나는 와코비아 은행에서 그와 함께 일하는 사람들에게 이메일을 보냈다. 그리고 내가 겪었던 실망스러운 일들을 말했다. 그러자 1시간도 채 지나지 않아 카메론 윌리엄스Cameron Williams라는 여성에게서 전화가 걸려 왔다. 그녀는 와코비아 은행은 나와의 거래를 원하며, 그녀는 책임자로서 이 일을 빠르게 진행시키겠다고 나를 안심시켰다. 그리고 그녀의 말은 정확했다.

몇 번의 인터뷰와 은행에서 진행하는 검토를 마치고 나니 은행에서 무담보 브리지론bridge loan, 자금이 급히 필요할 때 일시적으로 도입되는 자금으로 자금을 대출해 주었다. 이와 함께 다른 은행에서 빌린 대출금을 갚을 수 있는 신규 담보 대출금도 받았다. 그 당시 다른 은행에서 빌린 엄청난 대출금의 지불 날짜가 거의 코앞에 다가와 있었다. 사실 일주일도 채 남지 않은 상황이었다.

카메론은 내 사업 자금이 잘 돌아갈 수 있게 해 준 구세주나 마찬가지였다. 그 뒤로도 그녀는 나에게 가장 신속하고 도움이 되며, 미래를 보고 행동하는 금융계 사람 중의 한 명이 되었다. 나는 그녀의 말을 있는 그대로 신뢰하므로 그녀와의 거래는 즐겁다. 그리고 나를 돕고자 하는 그녀의 능력과 진심 어린 마음을 항상 존경한다.

훌륭한 서비스와 이해심은 신뢰이다. 또 누군가를 돕고자 하는 마음도 신뢰로 이어진다.

기업인들을 위한 주의 사항 : 내가 겪은 것과 비슷한 상황에 현재 처해 있거나 이런 경험이 있는 사람들에게 17년간 거래해 온 은행과의 관계를 하루 만에 바꾼 이유를 말하고자 한다.

와코비아 은행과 카메론을 비롯해 내 계좌를 담당하는 사람들은 내가 하는 사업을 잘 이해하고 있었으며, 나를 위해 무언가를 해 줄 의향이 있었다. 수많은 은행들은 별 특징 없는 광고를 통해 말한다. "우리는 당신의 회사가 어떠한 회사인지 잘 알고 있습니다." 하지만 실제로 도움이 필요한 순간에 앞장서서 돕는 은행은 소수에 불과하다. 그 소수의 은행 가운데 한 곳이 와코비아 은행이었다! 당신이 기업인이라면 카메론에게 전화를 해 보라!

나는 렉서스Lexus 자동차를 몬다. 브랜드에 상관없이 아무 차나 운전할 수도 있지만 내가 렉서스를 선택한 데는 이유가 있다. 내가 이용하는 렉서스 대리점의 서비스와 신뢰 때문이다. 그렇다고 모든 렉서스 대리점을 신뢰하는 것은 아니다. 오직 샬럿의 헨드릭 렉서스Hendrick Lexus of Charlotte만 믿는다!

헨드릭 렉서스에서 브라이언 젠드론Brian Gendron은 매니저로, 크리스 칼더Chris Calder는 서비스 매니저로 일하고 있다. 그리고 나에게 차를 판매한 사람은 간트 호웰Gant Howel과 부치 헤미트Butch Hammett이다.

마치 내가 렉서스의 주요 고객인 것처럼 생각될 수도 있지만 그렇지는 않다. 지난 10년 동안 내가 구매한 차는 고작 두 대밖에 안 된다. 나는 1년에 3,500킬로미터밖에 운전하지 않기 때문이다(1개월에 한 번 주유한다).

내가 처음으로 헨드릭 렉서스 세단을 산 때가 1998년이었다. 9년 뒤에 이 차를 딸 레베카Rebecca에게 물려주었다. 주행 거리가 채 4만 킬로미터가 되지 않았다.

그리고 2007년에 빨간색 렉서스 한 대를 새로 구입했다. 1년이 지나고 나니 다른 차로 바꾸고 싶었다. 주행거리는 4,000킬로미터에 불과했다. 나는 부치 헤미트에게 전화를 걸어서 내 계획을 말하고 그를 만나러 갔다. 부치는 몇 천 달러만 더 보태면 내 차를 업그레이드할 수 있다고 말했다. 하지만 차를 바꾸려면 9,000달러 정도의 비용이 더 든다고 했다. 부치는 어쨌든 차체 스타일은 같으니 몇 년 더 기다렸다가 좀 더 거래할 만한 때에 바꾸는 것이 좋겠다고 조언했다.

여기서 기억해야 할 점이 있다. 부치는 좋은 사람인 동시에 자동차 세일 즈맨이라는 점이다. 그는 차를 팔아야만 영업 수수료를 받을 수 있다. 하지만 내가 보기에 그는 '양심적인' 자동차 세일즈맨이다. 나는 정직한 세일즈맨을 만났다는 사실과 새 차를 구매하지 않았다는 사실에 스스로 의기양양해졌다.

그로부터 석 달 뒤, 플로리다 팜비치 카운티Palm Beach County에 살고 있는 딸 스테이시Stacey의 오토바이 임대 만기일이 다가오고 있었다. 스테이시는 렉서스를 원했다. 나는 다시 보카 레이턴Boca Raton. 팜비치 카운티에 있는 도시 렉서스 대리점에 전화를 걸어 세일즈 매니저를 바꿔 달라고 부탁했다.
전화기 너머에서 남자 목소리가 들려 왔다. 그의 첫마디는 "미국에서 가장 큰 렉서스 대리점, 보카 레이턴 대리점입니다"였다. 어떤 렉서스라도 플로리다에서 최저가로 구매할 수 있으며, 최고의 구매 어쩌고 저쩌고……. 이번에는 내가 말했다. "좋아요. 제가 생각하는 차는 하얀색 IS250인데요, 회색 가죽 시트에 GPS 달린 것입니다."

이틀 뒤, 그 세일즈 매니저가 내게 전화해서 미국에서 가장 큰 렉서스 대리점이라는 사실을 다시금 상기시켜 준 다음에 현재 하얀색 IS250에 회색 가죽 시트로 된 차는 없으며, GPS가 달린 차는 미국 남동 지역 어디에서도 찾을 수 없었다고 말했다. 그러더니 다른 색깔을 구매한다면 즉시 출고가 가능하다고 했다(내가 원하는 것은 아니었다). 그의 목소리는 무언가에 쫓기는 듯 다급하게 느껴졌다. 나는 그에게 하얀색 차를 계속해서 찾아봐 달라고 부탁했고, 그는 다시 연락을 주겠다고 하면서 전화를 끊었다. 하지만 그에게서는 아무런 소식도 들을 수 없었다.

나흘 뒤 나는 샬럿 헨드릭 렉서스에서 일하는 '정직한' 부치에게 전화를 걸었다. "부치, 플로리다에 살고 있는 사람에게 차 한 대 팔아 볼 생각 있어요?" 그가 대답했다. "물론이지요!"
"그러면 플로리다 차 번호와 세금과 관련해서 준비 좀 해 주실 수 있나요?" "그럼요!" "혹시 하얀색 IS250에 회색 가죽 시트, 그리고 GPS가 있는 렉서스 있나요?" "일단 확인해 보고 연락 드리겠습니다." 1분도 채 지나지 않아 그가 다시 전화를 했다. "찾았습니다. ○○○○달러에 구매가 가능할 것 같네요." 미국에서 가장 큰 렉서스 대리점인 보카 레이턴보다 몇 백 달러 낮은 가격이었다. 내가 말했다. "그 차, 제가 사겠습니다."
스테이시는 샬럿에서 차를 픽업해서 플로리다까지 무사히 운전해서 돌아갔다. 지금은 플로리다 렉서스 대리점 어디에서도 이 차를 쉽게 구매할 수 있다. 보카 레이턴 대리점만 빼고!

다시 부치 헤미트에 대해 이야기해 보자. 부치의 정직함과 성실함으로 그는 내 마음속에 최고의 렉서스 세일즈맨으로 자리 잡았다. 과거 헨드릭 렉서스 대리점에서 있었던 경험으로 결국 구매(판매)의 기회가 만들어진 것이다.

앞에서 말한 나의 이야기와 관련하여 한 가지 흥미로운 점이 있다. 내가 렉서스라는 브랜드를 신뢰하기 때문에 렉서스의 자동차도 신뢰하게 되었다는 사실이다(렉서스를 운전한 지 벌써 10년이 되었지만 렉서스는 역시 나를 실망시키지 않았다). 나는 부치를 비롯해 헨드릭 렉서스에서 일하는 모든 사람들을 신뢰한다. 만약 당신이 미국에서 살고 있으며 자동차 대리점에서 좋지 못한 경험을 했고, 모든 자동차 대리점이 별 차이 없을 것이라 생각한다면 헨드릭 렉서스에 전화해 보라. 당신의 생각이 달라질 것이다.

진실하고 정직한 거래는 신뢰로 이어진다.

밥 카_{Bob Carr}는 'TLC'라는 기업을 경영하고 있다. 그의 회사는 볼티모어에 있는데, 주로 스프링클러와 외부 조명 시스템을 설치한다. 그는 최근에 사업을 확장해서 크리스마스 조명도 설치하고, 슬랫 기술_{Slat wall technique}을 이용해서 차고나 지하실을 정리해 주는 일도 하고 있다. 간단히 말하면 바닥에 널브러진 물건은 모두 걸 수 있게 만들어 주는데, 정리 전과 정리 후의 모습이 놀라울 정도로 달라진다.

봅은 나와 6년째 거래하고 있는 고객이며, 나의 친구이기도 하다. 그는 성공한 학생이기도 한데, 자기 발전을 위해 매년 30일 정도는 전 세계에서 열리는 세미나와 워크숍에 참석한다. 그런 노력이 빛을 보아서 봅은 성공한 기업인이 되었다. 나는 봅과 그의 노력을 존경한다.

3년 전 나는 봅의 이메일 매거진e-zine, 이메일로 전송되는 전자 잡지을 만드는 일을 도왔고, 지금은 구독자가 몇 천 명이나 된다. 그의 잡지는 매주 화요일 아침에 이메일로 전송된다. 잡지가 하루라도 늦게 발간된 적은 한 번도 '없었다. 봅의 실적과 믿음이 쌓여 커다란 자산으로 거듭난 것이다.

거리에서 활동하는 봅의 회사 직원만 30명이 넘는다. 이들은 설치 및 수리와 관련해 고객과 약속하면 어디든 달려간다. 봅은 항상 약속을 지킨다. 간혹 문제가 발생하면 직접 일을 맡아서 고객의 집을 방문한다. 그리고 대면해서 해결한다.

봅이 고객을 위해 더 많은 노력과 돈을 써야 했던 이야기들은 무궁무진하다. 나는 봅이 TLC의 홍보용 DVD를 만드는 것도 도왔다. 봅은 고객들이 DVD를 받고 TLC에 대한 이야기를 많은 사람들에게 퍼뜨려 주기를 원했다. 최고를 향한 그의 노력이 고객들의 존경과 충성심을 만들었다. 나도 그 고객들에 포함된다.

봅이 우리 집 다락방에 슬랫 벽을 설치해 주었다. 그의 회사에서 목수로 일하는 폴Paul과 크리스Chris가 세 번에 걸친 작업을 완벽하게 마쳤다. 작업이 진행되는 동안 나는 50번도 넘게 봅에게 전화를 걸어 필요한 것을 가져다 달라고 했다. 봅은 50번 모두 내가 예상했던 것보다 훨씬 빠르게, 한 치의 오차도 없이 요청한 것을 가져다주었다. 또 항상 밝은 목소리와 긍정적인 태도를 보여 주었다(봅은 태도 분야에 관해서도 공부하고 있다). 봅 카는 믿을 만하고, 존경스럽고, 훌륭한 직업윤리와 태도를 갖고 있으며, 실제로 사업에서 많은 수익을 내고 있다. 나는 이 모든 요소들에 공통점이 있을 것이라는 생각이 들었다.

존경과 믿음은 시간이 지날수록 신뢰가 된다.

"안녕하세요, 마크 맥도널드Mark McDonald 입니다. 저는 언제든 고객님을 도울 준비가 되어 있습니다……." 마크 맥도널드의 보이스메일 오프닝 멘트는 이렇게 시작되는데, 이를 통해 그의 성격을 들여다볼 수 있다.

마크는 내가 운영하는 온라인 트레이닝 회사 트레인원TrainOne에서 일하는 세일즈맨이다. 그는 나와 함께 세미나에 참석하기도 하는데, 내가 고객과 약속한 시간보다 항상 1시간 전에 도착해서 준비를 한다. 또한 그는 사무실 안쪽에 있는 책을 정리하며 내가 도착하는 시간에 맞추어 에스프레소 더블 샷을 준비해 둔다. 마크는 수백만 달러에 해당하는 트레이닝 계약을 성사시키기 위해 얼굴에 미소를 띠는 것도 잊지 않는다.

나는 직원 미팅이 있을 때면 사무실을 돌아다니며 각 직원들에게 요즘 어떤 일을 진행하고 있는지 물어본다. 그러면 마크는 항상 이렇게 말을 시작한다. "이 회사에서 일할 수 있어서, 사장님과 함께 할 수 있어서, 훌륭한 동료들과 함께 있어서 정말 기쁩니다."

또한 마크는 거물급 전문 세일즈맨이기도 하다. 그는 《포춘 Fortune》지 선정 500대 기업에서 일하는 모든 직위의 사람들과 연결 고리를 형성해서 성공적으로 거래를 성사시켰다. 그는 어느 누구와도 대화가 가능했다. CEO에서부터 교육부 최고 담당자, 의사 결정 위원회 위원, 창고 배달원에 이르기까지 모든 사람들과 존경하는 마음으로 대화했다.

마크는 겸손한 태도와 사람들을 돕고자 하는 마음 덕분에 사람들로부터 마땅한 충성과 신뢰를 받았다. 또한 사람들은 진실한 마음으로 마크를 대했다. 사람들도 마크가 자신을 진실하게 대하고 있음을 알기 때문이다.

나는 기회 있을 때마다 지금까지 만난 사람들 중에 마크는 가장 좋은 사람이거나 아주 좋은 사람 가운데 한 명이라고 말해 왔다.

감사의 마음으로 사람들을 대하면 신뢰로 이어진다.

나는 3년 전 미국강연가협회 National Speakers Associaiton 의 연례 미팅에서 돈 그린 Don Green 을 만났다. '위대한' 찰리 존스 Charlie 'Tremendous' Jones, 《Being Tremendous》의 저자이기도 함 가 우리를 소개시켜 주었다. 돈은 나폴레온 힐 기념관의 전무이사였다. 나는 나폴레온 힐을 따르는 제자로 그의 책은 거의 다 읽었다. 나의 긍정적인 태도는 그가 쓴 책《놓치고 싶지 않은 나의 꿈 나의 인생Think & Grow Rich》을 열 번이나 읽으면서 시작되었다(이 책은 정말 효과가 있었다).

나는 돈을 샬럿으로 초대해서 내가 수집한 나폴레온 힐의 저서와 수집품들을 보여 주었다. 나폴레온 힐을 존경하는 우리의 관심사 덕분에 돈과 나는 친구가 될 수 있었다.

나는 돈에게 나폴레온 힐과 관련된 이메일 매거진을 만들자고 제안했다. 나폴레온 힐의 웹 사이트를 방문하는 수천 명의 사람들에게 이메일 매거진을 통해 힐의 철학과 저서들을 소개하고 싶었다. 물론 무료 잡지로!

나폴레온 힐이 내게 준 영향력에 비하면 무료 잡지는 그를 위해 할 수 있는 최소한의 것이라 생각했다.

이 글을 쓰는 지금 막 주간지 76호가 발간되었다. 나는 앞으로도 나폴레온 힐 기념관과 관련된 여러 가지 프로젝트를 진행할 것이다. 나는 돈 그린이라는 사람을 믿고 신뢰하기 때문이다.

돈은 부자이고, 현재는 회사에서 은퇴했다. 사실 그에게 나폴레온 힐 기념관이 필요한 것은 아니지만 헌신적으로 기념관의 일을 하고 있다. 돈의 헌신적인 모습을 보면 나도 참여해야겠다는 생각이 든다.

진심 어린 마음으로 누군가를 돕고, 헌신하고, 가르치는 일은 신뢰로 이어진다.

나는 1981년 밀워키Milwaukee. 위스콘신 주의 도시에서 리처드 그리브스Richard Greaves
를 만났다. 그는 스크린 인쇄 공장에서 일하는 직원이었다. 나뿐만 아니
라 내 컨설팅 파트너인 듀크 돌튼Duke Daulton 역시 리처드가 공장 매니저 적
임자라고 그를 추천했다.

우리는 리처드에게 공장 운영에 필요한 일들을 가르쳤다. 그는 이 일을
매우 하고 싶어 했으므로 감사하게 받아들였고, 이해력이 좋아서 과제
그 이상을 수행해 냈다.

어느 날, 리처드는 직장 상사 때문에 엄청난 실망을 경험하게 되었고, 나
는 캘리포니아에 있는 다른 스크린 인쇄 공장을 그에게 소개해 주었다.

몇 년 뒤, 나는 또 다른 의류 공장과 인쇄 공장을 운영하기로 마음먹고
곧바로 리처드에게 전화를 걸어 우리 공장으로 달려오라고 했다. 모든 일
을 처음부터 시작해야 했다. 기계, 디자인실, 스크린 버닝, 그리고 직물
프린팅 등 관련된 모든 일을 준비해야 했다. 나는 공장에서 세 블록 떨
어진 곳에서 지내면서 하루 18시간을 공장에서 일했다. 덕분에 일하다
가 시간이 되면 집으로 달려가《몬티 파이튼의 비행 서커스Monty Pyton's Flying
Circus》시리즈를 녹화할 수 있었다.

리처드는 놀랄 만한 운영 솜씨를 발휘했다. 나는 미국 전역을 날아다니면
서 세일즈 활동에 집중했고, 리처드는 주로 공장 일을 담당했다. 그는 미
운틴 듀Mountain Dew를 마시면서 하루에 2교대 근무를 하더니 생산성을 예
상보다 훨씬 높게 향상시켰다.

어느 날, 출장 중에 독감이 심해지면서 죽을 것처럼 아파서 부득이 필라델피아에 있는 집으로 돌아가야 하는 상황이 발생했다. 그런데 전날 밤 엄청난 눈보라가 밀려 와서 도시 곳곳에 60센티미터가 넘게 눈을 쏟아부었다. 내 차를 포함해서 공항에 주차된 자동차들은 눈 속에 완전히 파묻히고 말았다.

비행기가 착륙하는 순간 대체 무엇을 해야 할지 알 수 없었다. 한 가지 확실한 것은 내 차가 어디 있든 일단 눈구덩이 속에서 빼내야 한다는 것이었다. 그런 다음 따뜻한 침대에서 편히 쉬면서 몸을 회복할 수 있는 우리 집으로 유유히 운전해 가리라……. 공항 수하물 센터에서 간신히 가방을 찾아들고는 아픈 몸을 이끌고 주차장으로 가는 버스를 탔다. 60센티미터나 되는 눈 속에서 차를 찾아내야 한다는 생각은 참으로 곤혹스러웠다.

나의 예상대로 차를 어디에 주차했는지 도통 기억나지 않았다. 주차장 드라이브라도 하듯 버스 운전기사에게 예상 주차 지역을 돌아다니게 하던 도중 내가 소리쳤다. "저기 있네요!" 주차장은 마치 눈 이불로 덮여 있는 것처럼 한 차만 빼고 모든 차가 눈에 묻혀 있었다. 게다가 그 차가 있는 곳까지 눈이 말끔하게 치워져 있었다. 순간 나는 누가 그랬는지 알 수 있었다. 리처드가 공장에서 50킬로미터를 운전해서 공항에 왔던 것이다! 그가 주차되어 있던 내 차를 찾아서 차에 쌓여 있던 눈을 비롯하여 주변에 쌓인 눈까지 말끔하게 치워 놓은 것이다.

이 일은 25년 전의 일이다. 그리고 나는 지금도 리처드를 볼 때마다 그 일에 대해 고마운 마음이 떠오른다.

작은 배려와 최선을 다하고자 하는 마음이 곧 신뢰이다.

제시카 맥두걸 Jessica McDougall 은 내 파트너이자 최고의 친구인 동시에 출판과 관련된 일의 크리에이티브 디렉터 Creative Director 이다. 그녀는 나만의 '비밀 병기' 역할을 하면서 내가 강연을 가는 곳마다 항상 함께하며 강연 준비를 돕는다. 그녀는 직원으로서뿐만 아니라 인간적으로도 매우 훌륭한 사람이다. 우리는 매주, 매달 한결같이 조화를 이루며 함께 한다.

우리 관계의 초창기에는 특정 상황에 어떻게 대처할 것인지 함께 이야기를 나누곤 했다. 그 과정에서 그녀와 나의 의견이 대립되기도 했다.
내 방식이 옳다는 것을 알고 나서도 자신의 방식을 고집하는 그녀에게 화가 나서 견딜 수가 없었다. 그녀는 30분 동안 아무 말도 하지 않고 있는 나에게 다가와서 부드럽게 말했다. "나 또한 당신을 진심으로 위하고 있어요." 다리 풀린 나는 고맙다는 말과 함께 그녀를 믿어 보기로 했다.
지난 3년간 제시카는 자신의 결정이 옳다는 것을 증명해 왔다. 그녀의 진정한 관심과 최선을 향한 헌신이 나의 신뢰, 그리고 그 이상의 것을 얻게 하였다.

지속적으로 가치 있는 조언을 해 주고, 아무런 대가를 바라지 않는 우정은 신뢰로 이어진다.

미셸 조이스Michelle Joyce는 대학을 졸업하자마자 우리 회사에 채용되었다. 그녀가 맡은 일은 미국 전역에서 발행되는 신문에 실리는 내 주간 칼럼과 관련된 팩스를 주고받는 일이었다. 내가 하루에 받는 팩스만 해도 몇 백 장은 되었지만 그녀는 열정적으로 일하고 솜씨도 좋았으며, 항상 긍정적인 태도를 가지고 있었다. 그래서 그녀에게 조금씩 더 많은 일을 맡기게 되었다. 전화에 답하게 하고 사업에 좀 더 많이 관여하게 했다.

어느 날 오후였다. 그녀와 홍보 팀 직원 사이에 말다툼이 일어났다. 홍보 팀 직원은 동료들을 도우려 하기보다는 뭐든지 남 탓을 하려고만 했다. 홍보 팀 직원이 내게 오더니 "더 이상 미셸과는 일을 못하겠어요. 우리 둘 가운데 한 명은 회사를 나가야 합니다."라고 말했다. 그래서 나는 홍보 팀 직원을 해고했다.

그로부터 2개월 뒤에 세미나 예약을 담당하던 직원이 임신을 하면서 세인트루이스St. Louis로 이사를 가게 되었다. 나는 미셸을 그녀의 자리에 앉혔다. 이 이야기는 벌써 10년 전에 있었던 일이다.

지난 10년의 시간 동안 미셸 조이스는 강연과 세미나의 예약 담당자로서 미국에서 최고로 성장했다. 그녀는 매년 200건 이상의 예약을 성사시킬 뿐만 아니라 자신의 전문성을 바탕으로 세미나와 컨설팅도 하고 있다. 해마다 그녀가 보여 주는 우수한 능력과 태도로 나의 신뢰를 얻은 것이다. 우리 회사에서 가장 많이 운 기록을 보유한 사람 역시 미셸일 것이다.

그녀가 이와 같은 성과를 달성한 것은 최선을 향한 그녀만의 열정과 욕심이 있었기 때문이다. 열정적인 다른 사람들과 마찬가지로 그녀는 일을 할 때 항상 최선의 방법을 모색하고, 그 결과 그녀의 바람대로 대부분 이루어졌다.

나는 미셸을 우리 회사의 직원으로 생각하지 않는다. 내 딸처럼 생각한다.

꾸준히 열정을 갖고 우수한 성과를 거듭하면 이는 곧 신뢰가 된다.

나의 형 조쉬Josh는 지구상에 존재하는 가장 고상하고 신사적인 영혼의 소유자이다. 그만의 친절과 매력, 그리고 수줍은 매너 덕분에 그를 만나는 사람들, 그를 아는 사람들은 그에게 호감을 갖는다. 그를 지칭하는 수많은 수식어들—합창단 리더, 정원사, 탁구 선수, 서예가 중에서 가장 대표적인 것은 '세계적인 수준의 그래픽 디자이너'이다. 그는 30년 넘게 컴퓨터의 도움 없이 손으로 직접 디자인을 해 왔다.

4년 전, 나는 조쉬를 위해 컴퓨터 한 대를 구입했다. 컴퓨터를 사용하는 그의 모습이 다소 낯설긴 했지만 결과적으로는 손으로 하는 것보다 훨씬 정확하고 빠르다는 것을 알게 되었다. 그날 이후로 조쉬는 '세계적인 수준의 컴퓨터 그래픽 디자이너'가 되었다. 그는 바이 지토머Buy Gitomer와 트레인원에서 정규 직원으로 일하며 핵심 인재로 거듭났다. 조쉬는 날마다 새로운 디자인과 그래픽 작품을 선보였다. 조쉬의 작품에는 그의 트레이드 마크인 '훌륭함' 도장이 여기저기 찍혀 있다.

나의 책 표지에서부터 홍보 용품, 일반 세미나에 사용할 그래픽, CD 제품, 바이 지토머 웹 사이트까지 조쉬가 만들었다. 그의 새로운 작품은 우리 회사 브랜드의 지속성을 보여 주며, 매번 놀라움을 선사했다. 그는《세일즈 바이블 The Sales Bible》의 표지 디자인과 웹 사이트 바이 지토머의 모든 페이지를 직접 작업했다. 그의 능력과 미적 재능으로 바이 지토머와 트레인원에서 일하는 사람들의 존경과 신뢰를 한 몸에 받게 되었다.

나는 이 책을 완성하기 위해 잠시 멀리 떠나 있으면서 작업에 참고도 하고 영감도 받을 겸 내가 쓴 모든 책들을 나의 숙소로 보내 달라고 부탁했다. 내 책들 여기저기에 조쉬의 이름이 찍혀 있다. 조쉬의 이름이 그저 보라고 있는 것은 아니다. 조쉬가 자신의 이름을 보면서 자신감을 가지라는 뜻에서 쓴 것이다.

최선을 다하는 헌신과 전문적인 기술은 곧 신뢰로 이어진다.

신뢰에도 여러 단계가 있다. 신뢰라는 것은 시간이 흐르면서 증명되기 때문이다. 하지만 일단 전문가로서 신뢰를 얻으면, 전문가의 조언은 사람들을 안심시키는 신뢰의 힘을 발휘한다.

모든 사람은 전문가의 조언을 필요로 한다. 내 경험에 따르면 전문가와 친구 관계가 형성되면 전문성에 대한 신뢰는 훨씬 깊어진다.

앞에서 이야기했던 사람들 외에 봅 살빈Bob Salvin이라는 친구가 있다. 그는 일류 기업가이다.

어느 날 아침, 봅이 내게 전화를 해서《샬럿 옵서버Charlotte Observer》지 1면에 내 글이 실렸다며 축하를 해 주었다. 봅은 진심으로 나를 자랑스럽게 생각하고 있었다. 봅은 내가 책을 쓰기 위해 먼 곳에 머물고 있다는 것을 알고 있었으므로 신문 기사를 복사해서는 피스타치오Pistachio 한 봉지와 함께 특급 우편으로 보내 주었다. "네가 피스타치오도 없이 창의적인 글을 어떻게 쓰겠어?"라는 메모도 동봉해서.

그는 그저 좋은 친구가 아니다. 그는 아주 훌륭한 사람이다.

또 내가 신뢰하는 친구로 니키타 콜로프Nikita Koloff가 있다. 그는 전직 레슬링 선수였지만 지금은 목사이며 선교사이다. 미셸 카니Michelle Kearney는 사진가인데, 나는 그를 '카메라를 든 예술가'라고 부른다. 리처드 브로디Richard Brodie는 마이크로소프트사의 〈워드 1.0 매뉴얼〉의 저자이며, 세계 여행가, 그리고 전문 포커 플레이어다.

레이 리온Ray Leone이라는 친구도 있다. 그는 일류 세일즈 트레이너다. 그 밖에도 세계가 다 아는 저지 보이Jersey Boy, 협상의 전문가 에드 브로다우Ed Brodow가 있다. 에드의 강연 비법에 관한 세미나는 내가 이제까지 들은 것 중에 최고였다.

그리고 빅토리아 라 발므Victoria LaBalme는 뉴욕에서 사는 가장 바쁜 여성이다. 그녀는 마르셀 마르소Marcel Marceau, 2007년 타계한 세계적인 마임이스트의 제자이면서 매력적인 강연자이며, 연기자이기도 하다. 지오바니 리베라Giovanni Livera는 세상이 주목하는 유명한 마술사다. 엄청난 창의력과 기교를 가진 그의 마술은 놀랍기 그지없다.

이번에는 비즈니스 측면에서 이야기를 해 보자. 나에게는 세 명의 영웅이 있다. 타이 보이드Ty Boyd, 이분은 나의 또 다른 아버지로 곁에서 항상 나를 챙겨 주고 격려해 주는 분이다. 니도 쿠바인Nido Qubein은 나에게 올바른 길이 곧 최선의 길이라는 깨달음을 준 분이다.

마지막으로 '위대한' 찰리 존스. 그는 내게 어떻게 말하고, 어떻게 살아가고, 어떻게 죽음을 맞이해야 하는지 보여 준 단 한 분의 스승이다!

작가로서 내게 신뢰를 준 친구는 하비 맥케이Harvey Mackay이다. 그는 유능한 작가이자 도서 프로모션을 담당한다. 그가 즉석에서 알려 준 일상 대화와 관련된 조언들은 나에게 큰 도움이 되었다.

독 허쉬Doc Hersey, 그는 상황 대응 리더십Situational Leadership의 창시자이자 많은 책을 쓴 작가다. 어떻게 글을 쓰고, 어떻게 교육 기업을 만드는지 기준을 마련한 주인공이기도 하다. 또한 그의 리더십 연구 센터는 우수한 기관으로 인정받고 있다.

하지만 레이 바드Ray Bard 없이는 완성된 리스트라고 말할 수 없다. 그는 내가 《세일즈 시크릿 열정Little Red Book of Sales》을 집필할 때 많은 아이디어와 영감을 주었고, 내가 작가로서의 명성을 쌓는 데 기여했다.

짐 펠트먼Jim Felman처럼, 운이 좋으면 고객이 나의 친구가 될 수도 있다. 그의 명함에 쓰인 직책은 최고 마케팅 경영자이지만 헌신적인 남편이자 아버지이자 할아버지이고, 사상가이자 학생이며, 모든 이들의 이익을 위해서 일하는 사람이기도 하다.

얼 페트노이Earl Pertnoy도 뺄 수 없다. 그는 부유한 신사이자 훌륭한 사상가이며, 30년 동안 나의 친구이자 멘토 역할을 하고 있다. 우리는 함께 이야기하고, 함께 웃는다. 나는 그의 말에 귀 기울이고, 그에게서 배우고, 그를 신뢰하며, 늘 고마운 마음을 간직하고 있다.

나에게 영감을 주고 격려하고, 아무런 대가 없이 나를 돕는 내 친구들을 소개했는데, 이들은 나의 사람들 중 일부에 지나지 않는다.

나는 그들을 사랑한다. 그리고 행복할 때나 힘들 때나 나는 항상 그들을 신뢰한다.

존경과 상호 존중, 진심, 그리고 즐거움에 바탕을 둔 우정은 신뢰로 이어진다.

내가 신뢰하는 친구는 누구인가? 그 해답을 찾아가는 동안 스스로에게 다음의 질문을 해 보라.

- 당신의 가장 친한 친구는 누구인가?
- 이들과의 우정을 이어 주는 요소는 무엇인가?
- 이들과 어떻게 우정을 쌓았는가?
- 당신의 가장 친한 친구 한 명을 꼽으라면 누구인가?
- 그는 당신을 잘 이해하는 친구인가?
- 그는 늘 당신 곁을 지켜 주는 친구인가?
- 그는 당신이 신뢰하는 친구인가?

마지막으로, 신뢰에 관한 한 가지 사항이 더 있다. 이것은 다른 모든 것들을 하나로 결합시키는 접착제 같은 것이다. 내가 다른 사람들을 신뢰하게 하는 원동력이기도 하다. 그것은 바로,

나는 무엇보다 내 자신을 신뢰한다!

작가로서, 강연가로서, 기업가로서, 친구로서, 그리고 특히 아이들의 아버지이자 할아버지로서, 내 자신이 가장 믿음직한 사람이라는 것을 나는 진심으로 믿는다. 나아가 다른 사람들이 내게 주는, 그리고 그들의 마음 속에 있는 나에 대한 신뢰를 존중한다.

다음은 내 삶의 경험들을 돌아보면서 알게 된 신뢰의 24가지 특징이다. 나는 이 특징들을 내가 신뢰하게 된 사람들에게서 발견했다.

1. 신뢰를 얻으려면 먼저 신뢰를 주어야 한다.

2. 뜻밖의(진실한) 도움은 신뢰로 이어진다.

3. 신뢰는 시간이 흐르면서 천천히 자라는 것이다.

4. 먼저 가치를 제공하면 신뢰가 된다.

5. 차별화된 질문, 특히 돈과 관련된 것은 곧 신뢰로 이어진다.

6. 훌륭한 기술과 역량은 신뢰로 이어진다.

7. 솔직한 진실은 신뢰로 이어진다.

8. 창의성은 곧 신뢰이다.

9. '와우!'라는 감탄사 역시 신뢰로 이어진다.

10. 신뢰를 주는 것이 곧 신뢰를 얻는 것이다.

11. 뛰어난 지식과 진심이 담긴 도움은 신뢰로 이어진다.

12. 훌륭한 서비스는 곧 신뢰이다.

13. 이해심 역시 신뢰이다.

14. 누군가를 돕고자 하는 마음도 신뢰로 이어진다.

15. 진실하고 정직한 거래는 신뢰로 이어진다.

16. 존경과 믿음은 시간이 지날수록 신뢰가 된다.

17. 감사의 마음으로 사람들을 대하면 신뢰로 이어진다.

18. 진심 어린 마음으로 누군가를 돕고, 헌신하고, 가르치는 일은 신뢰가 된다.

19. 작은 배려와 최선을 다하고자 하는 마음이 곧 신뢰이다.

20. 지속적으로 가치 있는 조언을 해 주고, 아무런 대가를 바라지 않는 우정은 신뢰로 이어진다.

21. 꾸준히 열정을 갖고 우수한 성과를 거듭하면 신뢰가 된다.

22. 최선을 다하는 헌신과 전문적인 기술은 곧 신뢰로 이어진다.

23. 존경과 상호 존중, 진심, 즐거움에 바탕을 둔 우정은 신뢰로 이어진다.

24. 무엇보다 자신을 신뢰한다!

너무 많이 믿으면 남에게 속을 수도 있다.
그렇다고 믿지 않으면 날마다 고민 속에서 살아야 한다.

•

프랭크 크레인 Frank Crane

신뢰할 만한 조언들

신뢰하는 사람을
발견하다

나는 방금 마이크 레빈Mike Levine과 통화
했다. 얼마 전 마이크는 사업을 확장하면서 총지배인 한 명이 필요하다고
했는데, 오늘 나에게 전화를 걸어서 "드디어 제가 신뢰하는 사람을 찾았
습니다."라고 말했다. "지구상에서 가장 유능한 사람을 찾았습니다."라
고 말하지 않았다. "엄청난 경력이 있는 사람을 찾았습니다."라고 말하
지도 않았다. "세상에서 가장 합리적인 사람을 찾았습니다." 또는 "우리
회사 총지배인 자리에 적격인 사람을 찾았습니다."라고도 하지 않았다.

그는 "드디어 제가 신뢰하는 사람을 찾았습니다."라고 말했다.

마이크가 직원을 채용할 때 가장 높이 평가하는 부분은 신뢰였다. 그가
자신의 이야기를 내게 들려줄 때 했던 첫 단어도 바로 신뢰였다. 그는

신뢰를 최우선으로 생각하는 사람이다.

내 생각에 총지배인 자리에 적합한 사람이 수천 명, 아니 수백만 명은 있었을 것이다. 하지만 마이크가 신뢰하는 사람의 범주에 드는 사람은 소수에 불과했다.

나는 갑자기 의문이 생겼다. 직장을 구하거나 이직할 때 이력서를 쓰면서 '신뢰' 또는 '신뢰할 수 있는 사람'이라는 말로 자신을 표현하는 사람은 얼마나 될까?

나는 정답을 알고 있다. 극소수이거나 아무도 없다!

당신은
'진짜' 세일즈맨 인가?

바로 당신이 '진짜' 세일즈맨인가? 아마도 당신은 그렇다고 생각할 것이다. 하지만 정답은 아닌 것 같다(사실 틀린 답이라고 말하고 싶다). 하지만 이 책을 다 읽어 갈 때쯤 당신에게 엄청난 고통이 밀려들면서 자신을 '진짜' 세일즈맨으로 만들기 위해 노력하고 있을 것이다.

사람들은 자기 자신을 '진짜'라고 생각하지만 '진짜'인 사람을 찾기란 하늘의 별 따기처럼 어렵다.

내가 "당신은 얼마나 믿을 만합니까?"라고 물었다고 하자. 당신의 대답은 1~10을 기준으로 "10!"이라고 말할 것이다. 다시 묻겠다. "고객이 느끼는 당신은 얼마나 믿을 만합니까?" 여전히 대답이 10일까? 아니면 10보다 낮은 숫자? 10보다 한참 더 아래?

그러면 '믿을 만하다'라는 말은 도대체 무엇인가? 모든 세일즈맨은 '믿을 만한' 세일즈맨, 즉 '진짜'가 되고자 애쓴다. 하지만 현실은 "당신은 얼마나 진짜입니까?"이다.

정답을 알려면 '진짜'와 관련된 다음의 11가지 항목에 답해 보자.

_________ **1. 고객들과 장기적인 관계를 유지하고 있는가?** 당신이 5년 이상 관계를 유지한 고객은 몇 퍼센트나 되는가? 이 질문에 대한 숫자가 당신이 '진짜'인지 보여 줄 것이다.

_________ **2. 종사하는 분야에서 잘 알려져 있고 포지셔닝도 좋은가?** 당신은 자신이 종사하는 분야의 사람들(특히 당신의 고객과 잠재 고객)이 생각하는 위치에 포지셔닝되어 있는가? 당신의 일에 대해 가치를 느끼는가? 당신을 대표하는 것은 무엇인가? 당신은 타인을 어떻게 돕고 있는가?

_________ **3. 송사하는 분야에서 명성을 얻었는가?** 같은 분야에 종사하는 사람들이 뒤에서 몰래 이야기할 때 당신에 대해서 어떻게 말하는가? 그들은 당신을 어떻게 생각하는가?

_________ **4. 고객과 동료, 그리고 공동체에서 존경받는가?** 당신의 주변 사람

들은 당신을 어떻게 생각하는가? 그들 사이에서 당신의 평
판은 어떠한가?

_______ 5. **친절하고, 호감을 보이고, 성실하게 타인을 돕는가?** 많은 사람을
도울수록 당신이 '진짜'가 될 확률은 무한대로 높아진다.

_______ 6. **사람 그 자체로 믿음직한가?** 당신이 하겠다고 말한 것은 반드
시 해야 한다. 예를 들어 어느 장소에 가겠다고 했으면 그 장
소에 반드시 가야 한다. 다른 사람들이 의지할 수 있는 사람
이 되고, 필요로 할 때 옆에 있는 사람이 되어야 한다.

_______ 7. **믿을 만한 능력이 있는가?** 지식과 지혜가 있어야 한다. 해답이
있어야 한다. 영향력 있는 사람들과 공식적인 인맥 또는 연
결 고리를 만들고 정보를 공유해야 한다.

_______ 8. **가치 제공자로 인식받는가?** 당신의 행동으로 혜택을 받는 사람
이 있어야 한다. 당신은 글을 쓰는가? 당신의 글을 모아 두는
사람이 있는가?

_______ 9. **당신만의 브랜드가 있는가?** 당신의 평판은 어떠한가? 당신을
아는 사람은 누구인가? 다른 사람들은 당신에 대해 어떻게

말하는가? 다른 사람들이 당신의 이름을 보면 무엇을 떠올리는가? 당신은 그들이 어떻게 생각하기를 바라는가?

______ **10. 사람들에게 권위자로 알려져 있는가? 논설을 쓴 적이 있는가? 책을 낸 적이 있는가?** 하나도 없다면 당신은 지금 '진짜'가 되는 큰 부분을 놓치고 있는 것이다.

______ **11. 부탁하지 않아도 끊임없이 소개 판매를 받는가?** '진짜 세일즈 맨'은 매일 소개 판매를 받는다. 부탁하지도 않았는데 고객들이 알아서 소개를 해 준다.

질문 한 개당 최고 점수는 10점이다. 당신의 점수는 얼마나 되는가? 자기 자신을 '진짜'라고 느낄수록 당신의 고객 또는 잠재 고객이 당신과 거래할 가능성은 더 높아진다.

■ **보너스** 당신이 '진짜'가 될 확률이 높을수록 당신은 경쟁에서 유리한 위치를 차지하게 되고, 가격 관련 문제를 사전에 해결할 수 있다.

이 세상에서 가장 뛰어난 흉부외과 의사는 가격을 매길 수 없다. 왜냐하면 그는 '진짜'니까! 모든 사람이 그가 '진짜'라는 것을 알고 있고, 그가 부르는 금액을 기꺼이 지불한다.

이제 알겠는가? 내가 당신에게 '진짜 세일즈맨'이냐고 물은 질문은 당신에게 한 질문이 아니다. '진짜 세일즈맨'은 당신의 고객들, 당신의 활동 분야, 당신의 동료들이 인식하는 당신이다.

세일즈에 관련된 격언이 있다.

> "세일즈에서 중요한 것은 당신이 누구를 아느냐가 아니라 누가 당신을 아느냐이다."

'진짜 세일즈맨'은 모두가 잘 알고 있는 사람이다.

동료들이 당신을 잘 알지 못한다 해도 그리 큰 문제는 아니다. 하지만 고객들이 당신을 잘 알고 있다는 사실은 중요하다. 잠재 고객들이 당신을 잘 알고 있다는 사실은 정말 중요하다. 종사하는 분야에서 당신이 잘 알려진 사람이라면, 그건 정말 중요하다!

여기서 중요한 질문 하나.

"당신은 어떻게 사람들에게 알려지게 되었는가?"

많은 사람들이 당신을 알수록 그들은 당신을 '진짜'로 느낀다.

사람들에게 잘 알려지는 방법, 사람들에게 더 진짜로 느껴지는 방법에도 단계가 있다.

반드시 기억하라! '진짜'가 되는 것은 존경받는 사람, 진실한 사람이 되는 것이다. 당신이 어떤 행동을 하든 상관없지만 당신이 도덕적 기준에도 미치지 못하고, 사람들이 당신을 정직하지 못한 사람으로 느낀다면 당신이 '진짜'가 될 확률은 매우 낮을 것이다. 당신도 유명한 사람이 될 수 있다. 하지만 무엇으로?

당신이 '진짜'임을 평가하는 좋은 방법이 있다. 인터넷에 접속해서 검색창에 당신의 이름을 쓰고 엔터를 친다! 어떤 일이 벌어졌는가? 아무것도 검색되지 않았는가? 아니면 그냥 몇 가지 정도? 나는 스스로의 악명과 '진짜'임을 측정하는 하나의 평가 기준으로 인터넷 검색 엔진을 이용한다. 고객도, 같은 분야에 종사하는 사람들도 마찬가지이다. 그들은 당신의 이름을 인터넷에서 검색한다. 당신도 궁금한 사람을 인터넷에서 검색하지 않는가?
인터넷 검색 엔진을 사용할 수 있는 사람으로서 당신이 지금 첫 번째로 해야 할 일은 '진짜'로 가는 길 어딘가에 자신이 있음을 이해하는 것이다. 인터넷 검색은 '진짜'의 성적표 같은 것이다. 당신의 성적표는 어떠한가?

앞으로 30일 동안 다음의 8가지 행동을 한다면 당신의 이름을 인터넷 검색으로 찾을 수 있다. 그렇게 되면 사람들은 당신을 어느 정도는 '진짜'로 인식하게 된다.

1. **'자신의 이름.com'으로 된 웹 사이트를 만들어라.** 누군가 이미 당신의
   이름을 사용하고 있다면 www.thegreatjeffrey.com 처럼 자신의 이름이
   들어간 다른 주소를 만들면 된다. 예를 들어 자신만의 웹 사이트를 개
   설하고 관리하면, 전 세계의 검색 엔진을 통해 즉각적인 검색이 가능해
   진다. 당신이 어떻게 웹 사이트를 관리하느냐에 따라서 당신이 '진짜'인
   지 가짜인지 판단될 것이다. 웹 사이트의 내용은 사람들이 관심을 보이
   고, 도움이 되는 것으로 구성되어야 한다. 특별한 아이디어와 정보, 기
   사, 비결, 경험 사례 등을 담아 웹 사이트를 찾아온 사람들이 무언가 얻
   은 것 같은 느낌을 받아야 한다. 즉, 다른 사람을 돕는 것이 '진짜'이다.

2. **정식 보고서를 작성하라.** 자신이 일하는 분야에 대해 글을 쓸 수 있는
   능력이 있고, 당신이 파는 제품의 사용법과 제품을 활용함으로써 고
   객이 어떤 혜택을 얻는지 알고, 다른 고객이 제품을 활용해서 얻은 성
   공담 같은 것들을 제공하면, 당신은 '생각하는 사람'으로 확실하게 인
   식될 것이다. 자신만의 확고한 철학을 글로 쓰면 다른 사람들과 차별
   화할 수 있다. 글쓰기가 그리 쉬운 것은 아니다. 어쩌면 세일즈맨에게
   가장 힘든 과제일지도 모른다. 그러나 글을 쓰면 당신이 '진짜 세일즈
   맨'이 되는 것에 기여할 뿐만 아니라 세일즈 활동이 더 수월해진다. 잠
   재 고객들이 당신의 삼류 명함을 원할까? 제멋대로 만든 브로슈어를
   원할까? 아니면 더 많은 이익을 창출할 수 있는 방법에 대한 당신의 정
   식 보고서를 원할까?

당신은 이 물음에 대한 답을 뻔히 알고 있지만 현재 실천하고 있지 않기 때문에 답을 말하지 못한다!

3. **고객, 잠재 고객 또는 같은 분야의 종사자들이 읽게 될 기사를 써라.** 기사는 정식 보고서보다는 길이가 짧기 때문에 하나의 주제에 초점을 맞추어야 한다. 예를 들면 고객 서비스, 도덕적 측면, 생산적인 아이디어, 전략, 철학 또는 성공담과 관련된 주제로 기사를 쓸 수 있다.

이렇게 쓴 기사를 전략적으로 업계 신문이나 잡지, 뉴스레터 또는 지역 경제지에 실어야 한다. 또한 당신의 리스트에 있는 사람 모두에게 이메일로 발송한다. 만일 가지고 있는 리스트가 없다면, 지금 생각하고 있을 때가 아니지 않은가?

4. **사람들과 매주 연락하라.** 내가 지인들에게 매주 연락하는 방법은 내가 만드는 잡지 《세일즈 카페인Sales Caffeine》을 이메일로 보내는 것이다. 이 잡지는 무료인 데다가 세일즈 정보와 아이디어로 가득해 유용할 뿐만 아니라 수익 창출로 연결시킬 수 있기 때문에 세일즈맨들 사이에서 꽤 인기가 있나. 나는 이렇게 나만의 '진짜'임을 확장시키고 있다. 당신도 이 방법을 선택해야 한다.

명심하라! 앞으로 50년 동안 당신이 보유하게 될 가장 큰 재산은 바로 당신의 이메일 주소록이다. 주소록을 계속 확장시켜라. 주소록을 활용해 당신은 물론, 다른 사람들에게 이익이 될 수 있게 도와라.

5. **컨퍼런스에서 강연하라.** 단순히 참가자 역할만 하지 말라. 당신의 동료들에게 강연을 한다는 것은 리더로서의 당신의 위치를 말해 주는 것이며, 거부할 수 없는 '진짜'임을 드러내는 것이다. 강연을 한다는 것은 당신이 전문가이며, 권위가 있다는 것을 의미한다. 당신이 준비된 인재이며, 프레젠테이션 능력으로 동료 혹은 동료 그룹에 맞설 수 있고, 그들의 마음을 사로잡을 수도 있음을 의미한다.

6. **리더가 되어라.** 당신이 사는 지역 사회의 행사, 비즈니스 공동체 또는 위원회든 상관없다. 리더 역할을 수행하는 것은 당신이 책임감이 있고, 최선을 다해 맡은 일을 완성할 의지가 있음을 보여 주는 것이다. 이러한 '진짜'임이 장기적으로 지속되면 더 중요한 요소, 명성을 만들어 낸다!

7. **명성을 쌓아라.** 당신의 모든 업적을 더하고, 당신의 모든 의지를 더하고, 당신의 모든 소문을 더하고, 그리고 당신의 모든 성과를 더했다고 하자. 이렇게 합산된 것이 바로 당신의 명성이다. 당신의 명성이 그리 높지 못하다면, 명성을 만들기 위해 노력하지 않았다는 것을 의미한다. 만약 자신의 명성은 높은 반면 회사의 명성이 그리 높지 못하다면 회사에서 나와라. 당신의 명성과 회사의 명성은 절대적으로 조화를 이루어야 한다! 절대적으로 일치되어야 한다! 그래야 '진짜'가 될 수 있다.

8. **'진짜'가 될 때까지 '진짜'인 척하라.** '진짜'가 되기 위해서는 '진짜'처럼

살아야 한다. 그렇다고 해서 바로 '진짜'가 되는 것은 아니다. 일단 처음 시작은 '진짜'가 되기 위한 학생이 되어서 날마다 '진짜'를 달성하게 해 주는 실천 활동을 해야 한다. 이 시간 동안 당신은 '진짜'처럼 행동해야 한다. 거짓 행동을 하라는 의미가 아니다. '진짜'의 삶의 일부분을 살아 보라는 것이다. '진짜'가 되기 위해서는 '진짜'의 행동을 해야 한다. 이 과정을 '진짜의 삶 체험하기'라고 부를 수도 있다. 하지만 이보다 중요한 것은 지금의 당신과는 다른 누군가의 삶을 사는 것부터 시작해야 한다는 점이다. 쉽게 말해서, '진짜'가 되려면 아직 멀었다! '진짜'가 되는 확률은 당신이 노력하는 만큼 높아진다.

기초를 쌓는 방법을 소개한다. 다른 사람들을 도와라. 당신의 기분도 좋아질 것이다. 당신이 많은 사람들을 도우면 더 많은 도움의 손길로 되돌아온다. 당신이 도운 바로 그 사람으로부터가 아니라 모두의 도움이 되어서 돌아온다.

무엇이 당신을 '진짜'로 만드는가?
당신의 한결같고 긍정적인 행동들이 당신만의 브랜드와 명성을 만든다.

기억하라! '진짜'임이 '판매 시스템'의 일부가 되어서는 안 된다. 이 때문에 나는 모든 시스템들을 반대한다. 시스템은 '판매' 과정에만 초점을 둔다. 하지만 이것은 아주 큰 실수이다. '진짜'인 사람들은 그들이 행하는 모든 요소들로 자연스럽게 구매 분위기를 만들어 고객과의 세일즈를 완성한다. 당신도 이런 사람인가? 이런 사람이 되지 않으면, 이런 사람에게 고객을 뺏긴다.

만약 당신이 '진짜'가 아니더라도 그걸 굳이 말하거나 증명할 필요는 없다. '진짜'는 스스로 그 모습을 드러낸다. '진짜'의 가장 강력한 힘은 말하지 않아도 스스로 가장 올바른 방법으로 자신을 보인다는 것이다.

나는 고객을 만날 때 명함으로 내가 '진짜'임을 드러내려고 하지 않는다. 내가 '진짜'임을 드러내는 것은 나의 서명이 들어간 나의 책이다. 당신이라면 책을 읽는 사람과 책을 쓰는 사람 중에서 누가 세일즈 교육자 또는 세일즈 트레이너 일을 할 수 있다고 생각하는가?

'진짜' 강연자께서는 일어나 주십시오

옛말에 이런 말이 있다. "정직함은 성공의 열쇠이다. 만약 성공한 척할 수 있다면 당신은 이미 성공한 것이나 마찬가지다."

강연자라면 믿을 수 있고, 의미 있고, 열정적이고, 진실한 메시지를 청중에게 전달해야 할 의무가 있으며, 청중은 이런 메시지를 통해 배움을 얻는다. 당신이 이렇듯 기본적이고 당연한 사실을 잘 알고 있다면, 모든 강연자들이 이렇게 하고 있다고 생각할 것이다.

당신은 잘못 생각하고 있다. 세일스와 마찬가지로 청중이 강연자의 메시지를 받아들이기 전에 먼저 강연자를 받아들여야 한다.

청중이 강연자가 '진짜'라는 것을 받아들여야 한다. 강연자는 현실적이고, 관련성 있고, 다른 사람에게 전달 가능한 메시지를 전해야 한다. 이것이 바로 강연자가 해야 할 일이며, 청중이 원하는 것이다.

여기서 짚고 넘어가야 할 것이 있다. 만일 당신이 '나는 진짜야.'라고 생각하고 있다면 그것은 당신만의 생각이다. 중요한 것은 청중의 생각이다. 아마 당신은 자신을 '진짜' 시험대 위에 올려놓은 적도 없을 것이다. 아래에 '진짜'의 요소들을 소개한다. 그냥 훑어보지 말고 자신은 몇 점이나 받을 수 있는지 1~10점으로 점수를 매겨 보자. '진짜'의 요소들을 이미 '알고' 있을 수도 있지만 완벽하게 마스터하지는 못했을 것이다.

'진짜'란 어떤 것인가?

______ **1. 청중의 관점에서 준비한다.** 강연자는 '자신의 말' 또는 '자신의 이야기'만 준비해서는 안 된다.

______ **2. 청중과 자기 자신에게 정직해야 한다.** 강연자가 거짓말을 너무 많이 해서 사람들이 진실이라고 믿는 경우도 있다.

______ **3. 자신의 이야기, 자신과 관련된 사실에 정직해야 한다.** 잡았다가 놓쳐 버린 큰 물고기는 세월이 흐를수록 더 커 보이는 법이다.

______ **4. 유용한 정보를 제공한다.** 당신은 어떤 정보가 청중에게 유용한지도 잘 모르지만 청중은 듣는 순간 알 수 있다. 사람들이 메

모를 하는 이유도 이 때문이다.

_______ **5. 행동과 태도가 편안하다.** 명령조보다 편안한 분위기로 이야기 하는 것이 더 강력하게 전달된다. 당신이 긴장을 풀면 청중 역시 당신이 전하고자 하는 메시지를 있는 그대로 수용한다.

_______ **6. 매력 있는 메시지와 강연 스타일이 있다.** 메시지가 감상적이거나 타협적이어서는 안 된다. 청중에게 직접적으로 영향을 주는 정보가 있어야 하고, 소중한 정보를 정직하게 말해야 한다.

_______ **7. 파워 넘치게 열정적으로 강연한다.** 강연자들이 잘 알지 못하는 힘이 있는데, 바로 강연자의 태도와 열정에서 나오는 힘이다.

_______ **8. 관련된 사례로 전한다.** 당신이 들려주고자 하는 이야기는 매력 과 묘한 힘으로 청중의 참여를 이끌어 내야 하고, 동시에 요 점도 있어야 한다. 당신만의 이야기이면 더욱 좋다.

_______ **9. 보기 좋고 꾸밈없다.** '진짜'는 겉으로 보기에도 편안하고 내면 또한 편안하다.

_______ **10. 재미있다.** 유머 감각이 뛰어나면 적극적일 수 있고, 청중도 당

신의 말에 귀 기울인다. 또한 더 많은 사람들이 당신을 '진짜'로 인식하게 된다. 청중을 웃게 만드는 것은 무언의 승인을 얻은 것이며, 중요한 사실을 전달할 수 있는 기회를 잡은 것이다. 웃음을 멈추었을 때 청중의 집중력은 가장 높아진다.

______ **11. 청중과 관련 있는 이야기를 들려준다.** 당신이 들려주는 이야기나 당신의 말이 자신과 관련이 없다고 생각하는 순간 당신은 청중을 잃게 된다.

______ **12. 메시지를 전달하는 능력이 있다.** 청중은 메시지를 '전달 받을' 수 있어야 한다. 청중은 새로운 것을 배우고 이를 통해 자신의 삶에 긍정적인 영향을 받기를 바란다. 이 과정에서 두 가지 중요한 것이 있다. 첫째는 관련성으로, 청중이 바로 사용할 수 있는 새로운 정보여야 한다. 둘째는 희망으로, 먼저 당신이 이야기하는 것이 무슨 내용인지 청중이 이해할 수 있어야 하고, 이해한 내용을 실행하기 전에 먼저 동의해야 한다. 따라서 모든 청중이 자신에게 이렇게 말해야 한다. "무슨 말인지 알겠어. 나도 그 말에 동의해. 나도 할 수 있다고 생각해. 나도 한번 해 보고 싶어!"

______ **13. 자신의 강연에 책임을 진다.** 강연자가 "청중이 별로였어."라고

말하는 것을 들으면, 난 정말로 기분이 나쁘다. '진짜'는 청
중이 아니라 자신이 별로였음을 인정한다.

_______ **14. 자신감이 있다.** 당신의 메시지는 쓸모없는 것이 아니다. 오히려
청중에게 의미 있는 자료이며, 당신은 세계 수준의 전문가이
다. 당신만의 자료도 있으며, 당신의 메시지를 어떻게 개인화
해서 청중이 관련성을 발견하게 할 것인지 잘 알고 있다.

_______ **15. 자신의 일을 사랑한다.** 자신이 하는 일을 사랑하지 않는다면
당신은 평범함 속에서 영원히 시들어 있을 것이다. 강연은
반드시 열정적이어야 한다. 전문성 또한 열정적이어야 한다.
그렇지 않으면 당신의 강연은 시들어 간다.

_______ **16. 정직함과 열정이 있는 믿을 만한 사람이다.** 당신에게는 1,000번
째 하는 강연일 수도 있지만, 청중에게는 이번이 처음이다.

_______ **17. 청중에게 배타적인 사람이다.** '우리', '우리의' 또는 '우리에게'
같은 단어들을 당신의 메시지 속에서 없애야 한다. '진짜'
강연자는 정중 속에 있는 사람이 아니나. 청중 앞에 서 있
는 사람이다. 실력 없는 강연자나 '우리', '우리의'라는 단어
를 써서 청중의 호감을 얻으려고 한다. "메리, 저기 봐. 저

여자 우리랑 비슷해." 이런 말을 들으면 내 속이 다 울렁거
린다. 나는 15년 동안 1,800개가 넘는 강연을 하면서 한 번
도 '우리', '우리의', '우리에게' 같은 단어를 말한 적이 없다.
꼭 해야 하는 것도 아니고 해야 할 필요도 없었다.

청중은 당신이 자신들과 같은 부류가 아니라 영감을 줄 수
있는 사람이 되어 주기를 바란다. 참석자가 아니라 전문가가
되어 주기를 원한다.

_____ 18. 행동과 약속을 지키는 존경받는 사람이다. '진짜'임은 강연뿐만
아니라 명성과도 관련된다. 청중은 당신이 이야기를 하는
동안은 물론, 이야기를 시작하기 전과 후 모두를 보고 당신
을 판단한다. 당신의 말과 행동, 그리고 당신 그 자체를 합친
것이 '진짜'이다.

이기적인 사람, 자기 멋대로 하는 사람, 비꼬는 사람, 냉소적인 사람, 남
의 약점을 이용하는 사람, 거만한 사람, 동의를 부탁하는 사람은 '진짜'
가 아니다. 청중을 위해 강연을 준비하는 시간보다 자신이 입을 옷을
고르는 데 더 많은 시간을 쓰는 사람도 '진짜'가 아니다. "제가 이 일을
한 지 벌써 20년이 넘었습니다."라는 말을 하면서 자신을 증명하려고
하는 사람도 '진짜'가 아니다. 이야기가 재미없다면 청중과 관련성이라
도 있어야 한다.

추천서를
활용하라

당신은 방금 추천서를 받았다. 멋진 일이다! 이 추천서는 고객에게서 온 것으로, 당신이 얼마나 훌륭한지 보여 준다.

이제 당신이 할 일은 이 추천서를 어떻게 활용할지 그 방법을 찾아내는 것이다. 세일즈 업계에서 추천서는 가장 강력한 세일즈 무기이다. 동시에 사람들이 가장 잘못 사용하고 있는 무기이기도 하다.
당신에게 훌륭한 무기가 있음에도 불구하고 목표물에 명중시키지 못했다면 누구도 당신의 훌륭한 무기를 알 수 없다.

기억하라! 추천서는 당신이 가지고 있는 유일한 세일즈 증명서이다. 더불어 추천서는 신뢰 형성이라는 보너스를 안겨 준다.

자기 자신에 대해 이야기하는 것은 자랑에 불과하지만, 다른 사람이 당신에 대해 이야기한다면 증명이 된다. 추천서는 당신의 클레임을 해결하는 확실한 증거이다.

당신은 추천서를 언제 활용하는가?
당신은 추천서를 어떻게 활용하는가?

두 질문에 대한 답은 상황에 따라 달라진다. 추천서에 적혀 있는 내용, 세일즈 주기에서 어디쯤 위치해 있는지, 그리고 추천서의 형태에 따라 달라진다.

- **편지 형태의 추천서 :** 그냥 무시하라. "제프리, 대체 무슨 소리를 하는 거예요?" 당신은 이렇게 푸념을 늘어놓을 것이다. 편지 형태의 추천서는 사무실 벽 어딘가에 걸어 두면 적당하다. 이런 추천서는 고객에게 세일즈를 하면서 한두 번 정도 언급하면 된다. 최고로 강력한 추천서는 바로 아래에 있다.

- **동영상 형태의 추천서 :** 이것이 가장 현대적인 방법이며 새로운 접근법이다. 개인적으로는 오로지 이 방법밖에 없다고 생각한다. 동영상은 현실이며 생생하다. 그래서 믿을 수 있는 것이다. 따라서 동영상은 힘이다. 세일즈의 힘, 그리고 신뢰의 힘이다!

인포머셜을 이야기해 보자. 인포머셜, 즉 정보 광고는 수많은 추천 내용으로 구성되어 있으며 제품 판매라는 목적을 가진다. 그리고 실제로 인포머셜은 이윤을 창출한다. 그렇다면 이 둘 사이에 관련성이 있는 것인가?

동영상 추천서에 숨겨진 비밀이 있다. 그것은 바로 내용이다. 추천서에서 '말하는' 내용이 그 유효성과 사용 시기를 결정한다. 추천서를 성공적으로 사용하려면 타이밍이 중요하다. 추천서의 내용은 카드 게임에서의 조커joker 같은 것이다. 추천서는 세일즈의 조커이다!

세일즈맨들은 추천서를 적절히 사용하지 못한다. 그중에서도 추천서를 너무 일찍 사용하려고 하는 실수를 자주 한다. 만약 추천서를 잘못된 타이밍에 활용할 경우 성공 가능성은 반반이다. 다음 사항들은 추천서를 언제, 그리고 어떻게 사용해야 하는지 알려 준다.

- **고객과 약속을 잡을 때,** 추천서에 반드시 다음과 같은 내용이 있어야 한다. "진에민 하디라도 에크미 대표와 만나기로 약속하는 것조차 망설여졌어요. 지금 생각해 보면 그를 만나길 정말 잘했어요. 저는 그의 고객이 되었고 지금도 그리하답니다."

- **새로운 세일즈를 시작할 때,** 추천서에 반드시 다음과 같은 내용이 있어

야 한다. "저의 이름은 톰 존슨입니다. 에크미 회사의 CEO이지요. 제가 평소에 잘 알고 지내는 훌륭한 세일즈맨을 소개하고자 합니다."

- **질문에 답하거나 거부 의사를 극복해야 할 때,** 추천서의 내용은 반드시 구체적이어야 한다. 먼저 세 가지 질문과 세 가지 거부 의사를 고른 다음에 이에 대한 답이 될 수 있는 추천서를 동원해서 상황을 극복한다.

- **요점을 증명할 때,** 추천서를 적절한 타이밍에 프레젠테이션에 활용한다.

- **경쟁자와 맞설 때,** 추천서에 반드시 다음과 같은 내용이 있어야 한다. "이전까지만 하더라도 XYZ 회사와 거래를 했습니다. 하지만 거래처를 바꾸게 되었고, 지금은 매우 만족하고 있습니다."

- **당신이 파는 제품의 가격을 합당하게 할 때,** 추천서에 반드시 다음과 같이 언급되어 있어야 한다. "예전에는 XYZ 회사와 거래를 했습니다. 하지만 그 회사의 제품이 질이 좋지 않은 데다가 배송까지 느려서 사실상 더 많은 비용을 지불해야 하는 형편이었습니다."

- **제안할 때,** 추천서에 반드시 고객 주문과 관련된 서너 가지 사항이 있어야 한다. 즉 잠재 고객들에게 이들도 처음에는 같은 입장이었지만

현재는 모두 에크미와 거래하고 있음을 보여 주는 것이다.

- **판매를 확정할 때 또는 당신의 신뢰와 믿음을 향상시킬 때,** 추천서에 반드시 다음과 같이 언급되어 있어야 한다. "에크미와 거래하기로 한 것이 지금까지 한 결정 중에 최고의 결정이었다고 생각합니다."

추천서는 어떻게 만들어야 할까? 정말 좋은 질문이다. 그냥 일반적인 말을 사용하면 된다. 예를 들어,

"그 질문에 대해서는 다른 사람이 대답을 더 잘 할 수 있을 것 같습니다."

"만약 당신이 원하는 말을 다른 사람이 해 준다면 저와 거래하시겠습니까?"

"상품을 구매하기 전에 더 궁금하신 점은 없습니까?"

"고객 분들을 대표해서 제가 말씀 드리겠습니다."

"구매를 하지 않는 이유를 아십니까?"

"동일한 사항에 대해서 XYZ 측에서 이야기한 내용을 보여 드려도 되겠습니까?"

"XYZ 역시 예전에는 그렇게 생각했습니다. 하지만 지금은 그들도 저의 고객이 되었습니다. 그들이 밀한 내용을 보어 드리죠."

만약 추천서를 활용한다면 자신이 하고자 하는 말을 더 과장하거나 자랑할 필요가 없다. 추천서를 작성한 고객들이 대신 해 주기 때문이다. 동영상 추천서가 있다는 그 자체만으로도 당신의 최고 고객들과 함께

하는 것이다.

추천서는 증명서이며 지원군이다. 매출을 달성하지 못했을 때 하나의 매출이 된다. 세일즈의 힘이며, 신뢰의 힘이기도 하다! 추천서를 활용하라. 은행에서도 활용하라.

즐거움과 가치는 구매를 이끈다

나는 세일즈맨이다. 나는 온라인 세일즈 교육 프로그램을 판매하고 있다. 나는 세일즈에 대해 글을 쓴다. 나는 세일즈를 잘 알고, 매출 실적도 내고 있기 때문이다. 오늘 나는 판매 전화를 두 번이나 했다. 하나는 기존 고객, 다른 하나는 거래 가능성이 있는 고객에게 건 전화였다.

판매 여부에 상관없이 매번 고객들에게 판매 전화를 할 때마다 느끼는 것이 있다. 내가 적합한 고객을 찾으려고 하듯이 고객들 역시 내가 적임자인지 알고 싶어 한다. 그래서 고객들에게 내가 적임자라는 것을 알려주는 전략을 생각해 냈다. 이런 전략을 쓰면 고객들이 나와 거래를 하는 것에 더 안심하고 확신을 가질 수 있기 때문이다.

나는 고객, 그리고 유망한 기업인과 동시에 만나기로 함께 약속을 잡았다. 그들이 서로 거래를 할 수 있을 것이라 생각했기 때문이다. 나는 오로지 그 하나의 목적을 위해 두 고객을 내 사무실로 불렀다. 두 고객은 서로의 제품을 통해 이득을 취할 수 있고, 상대편의 고객들에게도 제품을 팔 수 있다.

내가 어떻게 세일즈를 성사시키는지 관련된 이야기를 함께 보자. 그런 다음 당신도 같은 방법으로 시도해 보라.
명심하라! 어떻게 하면 판매할 수 있느냐가 아니라 어떻게 하면 '내가' 판매를 할 수 있느냐가 중요하다.

나는 비즈니스 이야기를 하기 전에 고객과 친구가 된다. 고객들에게 판매 전화를 걸 때 일단은 그들을 알기 위한 이야기부터 시작한다. 가령 아침 식사 이야기, 날씨, 재미있는 이야기 또는 사는 이야기 등 대화를 나누면서 서로 간에 공통점이 있는지 찾는다. 나는 열린 대화를 주고받기 위해서는 기본적으로 친분이 있어야 한다고 생각한다.

나는 고객과의 공통점을 통해 친근한 관계를 형성한다. 고객들과 나누는 스스럼없는 대화는 분위기를 완화시키고 좀 더 열린 대화를 가능하게 한다. 대화는 자연스럽게 해야지 세일즈를 할 때 쓰는 말투를 사용해서는 안 된다.

나는 홈 어드밴티지home advantage**를 활용해서 판매한다.** 내 거래의 50퍼센트 이상은 내 사무실에서 이루어진다. 내 사무실의 주변 환경은 내가 모두 통제할 수 있으며, 모든 세일즈 수단도 내 마음대로 사용할 수 있다. 필요하다면 사무실에 직원들도 있다. 내게는 확실한 이점이 있으며 언제든지 활용할 수 있는 자원들이 널려 있다. 고객의 측면에서도 나에 대한 의구심을 제거할 수 있다. 가령, 자신이 구매하는 제품이 무엇인지, 지금 자신이 무엇을 하고 있는지 확인할 수 있다. 내 사업적 특성과 인간적 특성은 홈그라운드에서 편안한 상태로 머물러 있을 때 확실히 드러난다.

나는 모든 사람을 모든 사람에게 소개한다. 나는 내 고객과 동료들을 서로 소개시켜 줌으로써 존경을 표시하는 것이 중요하다고 생각한다. 소개를 통해 세부 정보와 즐거움을 공유하고 따뜻한 분위기를 만들 수 있으며, 고객의 마음속에 신뢰를 쌓을 수 있다. 따라서 고객은 자신이 구매하는 것이 무엇인지 알 수 있고, 거래를 하는 사람을 직접 만나는 기회가 된다.

나는 모든 방법을 동원해 고객이 '와우!' 하고 감탄하게 만든다. 내가 하는 모든 행동에는 '와우!' 요소가 있다. 또한 나는 최선을 다해 행동을 실천한다. 내가 하는 모든 일에는 최선이 들어 있는 것이다.

나는 고객을 참여시킨다. 나는 고객과 비즈니스에 대해 이야기하면서 그들의 현재 상황, 비즈니스를 운영하는 그들의 원동력과 핵심 사항을 찾아낸다. 그렇다고 해서 내가 자세한 조사를 하는 것은 아니다. 오히려 고객들을 참여시킨다. 고객들을 참여시키면 그들로부터 완전한 답변을 이끌어 낼 수 있고 의미 있는 자료도 교환할 수 있다.

하지만 이 시점에서 이야기해야 공평하다고 생각되는 것은 나 역시 미팅이 시작되기 전에 고객의 비즈니스에 대해 사전 조사를 한다. 그러면 어리석은 질문은 하지 않아도 된다.

또한 고객이 이미 나를 잘 알고 있고 나에게 좋은 감정을 가지고 있기 때문에 나 역시 그에게 진실한 대답을 들을 수 있고, 핵심 요소도 확인이 가능하다.

그 밖에도 미팅이 진행되는 장소가 고객의 사무실이 아니라 내 사무실이기 때문에 고객이 정보를 공유하는 데 있어서 좀 더 열린 마음을 가질 수 있다. 왜 그런지 명확하게 설명할 수는 없지만 아무튼 그러하다.

나는 고객에게 유형의 가치를 제공한다. 나는 고객들을 사무실 스튜디오에 데려가서 계약 후 트레이닝에 사용될 자료를 녹화한다. 모든 메시지는 고객의 비즈니스 또는 이슈와 관련된 것으로 준비해 놓는다. 결국 내가 고객을 도울 수 있다는 포인트로 마무리된다. 나는 내가 고객들을 위해 할 수 있는 것이 무엇인지 말로만 하는 것이 아니라 눈으로 볼 수 있게 한다.

나는 사람들에게 나의 차별성을 증명한다. 내가 운영하는 세일즈 트레이닝 회사는 판매 기술보다 구매 동기를, 고객 만족보다 고객 충성을 중점적으로 가르친다. 또한 트레이닝의 기초로 고객의 목소리(요구)를 강조한다는 점에서 구시대적 모델을 강조하는 다른 기업들과 차별화되어 있다. 우리는 판매 시스템 또는 이기적인 정보들이 아닌 가치 제안을 중심으로 맞춤형 트레이닝을 공급하고 있다.

나는 다른 사람들보다 내가 더 우수하다는 것을 증명한다. 나는 추천서를 사무실 벽에 걸어 둠으로써 우리 회사의 우수성을 보여 주는 증거품으로 사용한다. 또 모든 만남이 나의 사무실에서 이루어지기 때문에 고객과 함께 스튜디오로 가서 그들 눈앞에서 트레이닝 데모 버전을 선보인다. 고객은 자신이 구매하고자 하는 것이 무엇인지 직접 볼 수 있다.

나는 고객의 비즈니스 성장을 돕는다. 함께 비즈니스를 하자는 목적으로 두 사람을 내 사무실로 불렀을 때 평소에는 느끼지 못했던 힘찬 에너지가 사무실에 가득했다. 그들이 거래 가능성과 추후 계약을 위해 다음 만남을 얘기할 때는 사무실 여기저기에서 달러 사인과 눈부신 불꽃들이 아름답게 날아다니고 있었다.

나는 고객들을 즐겁게 만들고 식사도 대접한다. 내가 느낀 바로는 누군가와 먹으면서 대화를 하면 비즈니스 밖의 이야기를 하는 경향이 높아진다.

또 고객이 나에게 좀 더 사적으로 다가오고 싶은 마음이 커지면 거래가 이루어질 가능성도 커진다. 따라서 내가 고객과 대화를 하는 동안에는 항상 과일과 치즈가 준비되어 있다. 음식은 긴장을 풀어 주기 때문이다.

고객의 구매 욕구가 강하게 느껴질 때만, 나는 고객에게 구매 요청을 한다. 하루가 끝나 갈 때 쯤 나의 고객들은 에너지가 넘쳐흐르고 있었다. 그들은 나와 우리 회사의 능력을 서로에게 판매하고 있었다. 나는 그들의 비즈니스에 관해서 더 이상 물을 필요도 없었다. 그들이 먼저 사겠다고 말했으니까. 와우!

- **세일즈의 핵심** 나의 어떤 고객은 인간으로서의 나보다 나의 능력을 더 자랑스럽게 말한다. 이 고객이야말로 우리 회사의 우수성을 뒷받침해 주는 산 증인이라고 할 수 있다.

- **비즈니스의 핵심** 나는 성과만 올리는 데 급급해 하지 않는다. 나는 관계를 만들기 위한 방법을 찾는다. 그 관계 속에는 비즈니스 관계도 있다. 비즈니스 관계가 형성되면 판매는 자연스럽게 따라온다. 그것도 아주 큰 판매로.

내가 상대방을 신뢰한다고 말하면,

그는 그 대가로 나를 신뢰할 수 있는 사람으로 여긴다.

거래를 위한 것이 아니어도

나는 항상 고객을 진실로 대한다.

나는 아무런 대가를 바라지 않고

고객과의 관계에 가치를 더한다.

— 제프리 지토머

부로 이어지는
세일즈 법칙

당신이 고객에게 제품이나 서비스를 소개하는 방법과 판매하는 방법을 생각해 보자. '우리'라는 단어를 몇 번이나 한 것 같은가? 아마 수백 번은 했을 것이다.

그렇다면 우리라는 단어를 몇 번 사용해야 하는 것일까?
내가 생각하는 정답은 '0번'이다.

당신이 하는 말, 당신이 하는 행동은 모두 '우리'의 형태를 지닌다. 특히 마케팅 부서에서 일하는 사람은 '우리'를 더 많이 사용한다. 고객이 관심을 갖는 사람은 당신일까, 그들 자신일까?
정답은 뻔하다. 그런데 왜 당신은 늘 '우리'를 말하는가? 당신이 고객에게 도움이 되지 않는다면 그는 당신에게 눈곱만큼의 관심도 없다.

세일즈 방법을 완벽하게 마스터하려면 표현법부터 바꾸어야 한다. 당신에 관한 표현법, 당신이 얼마나 훌륭한 사람인지, 당신이 무엇을 하는지 보여 주는 표현법을 바꿔야 한다. 또 고객에 관한 표현법, 고객이 얼마나 훌륭한 사람인지, 고객이 당신의 제품을 구매함으로써 어떻게 수익을 낼 수 있는지 보여 주는 표현법도 바꿔야 한다.

비결을 알려 주겠다. '우리'라는 단어를 지워 버리는 것이다. 프레젠테이션 슬라이드에서, 보고서에서, 특히 말로 전달하는 세일즈 프레젠테이션에서 '우리'를 삭제하라. '나'라는 말은 쓸 수 있지만 '우리'라는 말은 안 된다.

'우리'라는 말 대신에 '당신' 또는 '그들'이라는 단어를 사용하면 된다. 말을 할 때 고객의 입장에서 말하라. 그들이 어떻게 이득을 얻고, 어떻게 혜택을 보고, 어떻게 생산하고, 어떻게 수익을 얻게 되는지 고객의 입장에서 말하라. 이 밖에도 그들이 어떤 서비스를 받고, 어떻게 마음의 평안을 얻을 수 있는지 모두 같은 방법으로 표현하라.
'우리'는 판매를 위한 것이고, '당신'은 구매를 위한 것이다.

■ **필수 이해 사항** 프레젠테이션 전체를 다시 확인하고 그 모습을 촬영해 보라. 그런 다음 연필을 들고 자신의 모습을 꼼꼼히 관찰하라. '우리'라는 말을 몇 번이나 했는지 세어 보라. 아마 엄청날 것

이다. 다음부터는 '우리'라는 말을 빼고, 판매 표현법 대신에 가치 표현법을 써라.

아래에 소개하는 내용이 바로 쉬운 표현법이다.

1. **바이어, 잠재 고객, 그리고 고객은 당신이 자신에 대해서 잘 알고 있을 것이라고 기대한다.** 당신의 지식을 전달하기 위해서는 잠재 고객이 당신의 아이디어를 이해하고, 당신과 의견을 같이하고, 당신의 열정을 느끼고, 당신의 믿음, 과장된 세일즈의 이면에 있는 당신의 정직함을 느껴야 한다.

2. **당신은 그들의 비즈니스 분야를 반드시 알아야 한다.** 단순히 당신의 제품만 알아서는 안 된다.

3. **당신은 그들의 비즈니스를 반드시 알아야 한다.** 단순히 당신의 제품만 알아서는 안 된다.

4. **당신은 신제품, 그리고 차후에 어떤 제품이 나오는지도 반드시 알아야 한다.** 단순히 당신의 제품만 알아서는 안 된다.

5. **당신은 현재의 흐름**trend **을 반드시 알아야 한다.** 단순히 당신의 제품만

을 알아서는 안 된다.

6. 당신은 그들의 마케팅을 반드시 알아야 한다. 단순히 당신의 제품만 알아서는 안 된다.

7. 당신은 그들의 생산성을 반드시 알아야 한다. 단순히 당신의 제품만 알아서는 안 된다.

8. 당신은 그들의 수익에 대해 반드시 알아야 한다. 단순히 당신의 수익만 알아서는 안 된다.

이번에는 '우리 사고방식'의 사례들을 소개한다.

- **우리는 고객들을 반드시 교육시켜야 한다.** 이 세상 어느 고객이 당신의 교육을 받기를 원하겠는가? 당신의 잠재 고객 상위 25명이 함께 앉아 이렇게 말하는 모습이 저절로 그려진다. "아, 거기 에크미에서 일하는 사람들이 와서 우리를 교육시켜 주면 좋겠는데. 우리는 바보니까."

- **당신은 잠재 고객에게 당신에 관한 것, 당신 회사와 제품에 관한 모든 것을 말해 주어야 한다고 생각한다.** 이 세 가지 요소야말로 잠재 고객을 확

실하게 재우는 수면제이다.

- **우리는 솔루션을 제공한다.** 당신은 고객이 제대로 할 줄 아는 게 아무 것도 없다고 생각하는가? 그래서 '솔루션'을 들고 와서 고객을 구해 주겠다고 하는 것인가? 잠재 고객에게 '솔루션을 제공합니다.'라고 무례한 말을 하기보다 차라리 '해답을 주겠습니다.'라고 말하는 편이 더 낫다. 왜냐하면 해답이라는 것은 파트너십과 관련된 것이며, 관계에 의해 발생하는 것이기 때문이다.

- **경쟁자와 당신을 분리시켜서 비교한다.** 경쟁자와 당신을 비교하려면 분리시키지 않고 같이 비교해야 한다. 당신은 아직까지도 고객들에게 '우리'를 강조하면서 자신의 특징과 이익을 판매하고 있다. 나는 특징을 원하지 않는다. 가치를 원한다. 나는 이익도 원하지 않는다. 가치를 원한다!

- **고객에게 증명해 보일 수 있는 파워포인트 프레젠테이션보다 자랑하는 프레젠테이션을 한다.** 자랑하는 파워포인트 프레젠테이션을 하는 동안 잠재 고객이 조는 일은 없을 것이다. 다만 깊은 잠에 빠져들게 만들 것이다.

고객이 진심으로, 또 강력하게 무언가를 필요로 한다면 거래를 성사시

"우리는 환불을 확실하게 보장합니다.
고객님께서 사용하지 않은 제품의 일부를 저희에게 보내 주시면,
고객님께서 사용하시지 않은 금액을 다시 돌려 드립니다!"

키기 위해서 당신이 해야 할 일을 말해 주겠다.

1. 고객의 니즈에 답하라.

2. 고객이 혜택을 볼 수 있는 아이디어를 제공하라.

3. 다른 사람과 당신을 차별화시켜라.

4. 고객에게 가치를 주어라.

5. 위 요소들의 결과로 고객이 당신을 신뢰할 수 있게 하라.

당신이 이를 실천하는 동안 고객은 당신이 적격자인지 아닌지 평가하고 있음을 잊지 말라. 당신이 고객에게 정보를 전달함과 동시에 고객은 당신에 대한 인식을 형성한다. 당신의 제품 또는 서비스를 구매할 경우, 당신과 비즈니스를 하게 될 경우 생길 수 있는 위험성을 평가하면서 하나

의 장벽을 세우는 것이다. 고객은 현재 자신이 급한 상황인지 아닌지 잘 알고 있으며, 한편으로는 당신과 경쟁자를 비교한다. 마지막으로 고객은 판단을 내리고, 그 판단에 따라 당신, 혹은 경쟁자를 선택한다.

세일즈에서는 당신이 하는 말보다 고객들이 당신의 말을 어떻게 인식하느냐가 더 중요하다. 잠재 고객이 당신이 그저 자신의 이야기만 한다고 생각하면 고객의 관심은 멀어지고, 따라서 고객은 위급함을 덜 느끼게 된다. 반면 프레젠테이션을 고객 자신에 관한 것으로 인식하면 고객은 당신을 이해하게 된다. 또한 당신이 제공하는 것이 고객 자신에게 필요하다고 인식하게 되고, 장벽과 위험성은 전보다 낮아지거나 완전히 제거된다. 그리고 구매에 도달하는 길로 이어지는 것이다.

오래된 것이긴 하지만 〈러버에서 'L'을 빼면 끝이 된다 Take the 'L' out of lover and it's over〉라는 노래가 있다. 1980년대 초반 '모텔스 The Motels'라는 그룹이 부른 노래이다. 바꾸어 말하자면, 세일즈에서 '우리'라는 말을 빼라. 그렇지 않으면 세일즈도 끝이다 Take 'We' out of selling, or it's over.

고객 관계의
중요성

나는 방금 《포춘Fortune》지 선정 10대 기업과 관련해서 기사 하나를 읽었는데, 기사의 요점은 "경영자들은 관계가 중요하다고 말한다."였다.

관계가 중요하다고? 이런 정보들은 이미 당신이 알고 있는 것이라 '정보'라고 말하기도 아깝다. 당신이 해야 하는 것, 또는 필요한 말은 알려 주지도 않는 이런 조언을 들으려고 컨설턴트에게 막대한 돈을 주고 있는가?

"관계가 중요하다." 이 이상한 말에서 깜빡하고 빼 버린 두 단어가 있다. 이 두 단어는 문제점이 무엇인지 명확하게 보여 준다. 농시에 뭘 해야 하는지 아무런 생각도 없는 수백, 수천 명의 컨설턴트들의 목숨을 구제해 준다. 뿐만 아니라 현실 사회의 문제를 다루기보다 현상 또는 원하는 결과에만 집중하는 경영자들의 목숨도 구해 줄 수 있다. 그것은 바로 '실질적인 해결책Real Answers'이다.

많은 기업인들이 자신의 기업은 고객과 아주 좋은 관계를 유지하고 있다고 내게 말한다. 세일즈맨들도 고객과 좋은 관계를 유지하고 있다고 말한다. 이 같은 기업, 세일즈맨은 고객과 그토록 좋은 관계를 유지하고 있으면서 가격 요인 때문에 그 고객과 거래를 성사시키지 못한다. 이해할 수 없는 일 아닌가?

가격 때문에 고객과의 거래를 성사시키지 못했다면 당신과 고객 사이에는 '관계'가 없었던 것이다!

하지만 걱정 말라. 내가 당신뿐만 아니라 당신의 고객을 간접적으로 도와줄 수 있다. 그 전에 우선 당신부터 구제해야겠다. 왜냐하면 당신은 고객에 대해 별로 신경을 쓰고 있지 않으니까!

사실 당신은 경영자가 자신이 얼마나 건망증이 심한지 절대 몰랐으면 좋겠다고 바라고 있을 것이다. 경영자는 계속해서 가격 때문에 고객을 잃는다며 당신 탓 혹은 남의 탓을 한다. 그리고 그 외의 여러 잘못된 이유들까지 남의 탓으로 돌릴 것이다. 즉, 경영자는 자신이 책임지기보다 남에게 그 탓을 돌리려고 한다.

1998년 나는 《고객 만족은 가치 없지만 고객 충성은 값을 매길 수 없다 Customer SatisfactionIs Worthless, Customer Loyalty Is Priceless》라는 책을 썼다. 사람들에게 충격을 주려고 이 책을 쓴 것은 절대 아니다. 나는 사람들에게 관계 형성의 실체, 즉 충성심을 알리고 싶었다. 고객의 충성을 얻으려면 반드시 당신이 먼저 고객에게 충성해야 한다. 이것이 바로 관계의 기본이다. 관계는 '중요'할 뿐만 아니라, 강력하고 성공적인 비즈니스의 바탕이다.

자, 이제 무엇을 해야 하는지 이해했을 것이다. 그렇다면 실천하라!

FREE GITBIT

관계의 개념에 관해서 더 알고 싶다면 www.gitomer.com에 접속해서 회원 등록을 한 다음 GitBit 박스에 'CUSTOMER WANTS'라고 치세요.

당신뿐만 아니라 전 세계 사람들이 관계가 중요하다는 것을 이미 알고 있으므로, 지금 당신에게 실질적인 것들을 소개하겠다. 핵심은 고객(또는 잠재 고객) 중심으로 생각하는 것이다.

1. 나(고객 또는 잠재 고객)와 **관련시켜라.** 내가 필요로 하는 것, 나와 관련된 것들을 파악하라. 당신(세일즈맨)과 비즈니스를 하면서 이익을 얻는 다른 고객들에게 나를 보여 주고 나도 관여할 수 있게 하라.

2. **나를 위해 준비하라.** 당신 자신의 상황뿐만 아니라 나의 상황에 대해서도 철저히 준비했다는 것을 보여라.

3. **내 시간을 낭비하지 말라.** 당신 스스로 발견할 수 있었던 것에 대해서는 나에게 묻지 말라.

4. **나에게 진실을 말하라.** 진실은 곧 신뢰로 이어진다. 당신과 관계를 형성하기 위해서 나는 당신의 신뢰가 필요하다.

5. 나의 비즈니스를 위해 어떤 방법으로 당신의 제품 또는 서비스를 활용할 수 있는지 말하라. 내가 처한 환경에서 어떻게 활용할 수 있는지 나에게 알려 달라.

6. 당신과의 관계로 내가 얻을 수 있는 이익을 말해 달라. 당신의 제품 또는 서비스를 구매함으로써 내가 얻을 수 있는 이익을 알고 싶다. 그리고 당신이 나의 비즈니스에 대해 알고 있는지도 궁금하다.

7. 당신의 제품 또는 서비스의 활용법뿐만 아니라 가치도 보여 달라. 나와 관련되어 당신의 제품 또는 서비스가 가지는 가치 요소는 무엇인가?

8. 당신과의 거래를 쉽게 하게 해 달라.

9. 내가 필요할 때마다 서비스를 받게 해 달라.

10. 나에게 친절하라. 내가 누군가와 관계를 맺는다면, 그 사람이 친절한 사람이기를 바란다.

11. 신속하게 대답하라. 내가 당신에게 전화를 거는 것은 당신이 필요하기 때문이다. 나는 지금 대답을 듣고 싶다.

12. 약속 시간에 배송하라. 당신이 그때 배송하겠다고 하면 나는 그렇게 믿는다. 당신이 기대를 충족시킨다는 사실이 내게는 힘이 된다.

13. 내가 필요로 할 때를 대비해 해결책을 준비하라. 나는 당신 제품의 작동 방법에 대해 궁금한 것이 많다.

14. 나와 지속적으로 연락하라. 제품에 대한 정보를 앞서서 알려 달라. 당신 중심이 아니라 내 중심으로 메시지를 전달하라.

15. 제품이나 기술에 변화가 생기면 나에게 알려라. 구매를 더 해야 하는 상황이 된다 해도 남들보다 앞설 수 있게 나에게 계속 정보를 알려라.

16. 약속을 지켜라. 당신이 어떻게 하겠다고 말했다면, 정말 그 일이 일어나게 하라.

17. 협력 업체가 아닌 파트너가 되어라. 우리가 함께 일할 수 있는 방법을 말하라. 그리고 실천을 통해 나에게 증명하라.

18. 내게 서비스하라. 나는 세일즈 이후의 서비스와 감정이 세일즈 전보다 더 중요하다는 것을 느끼고 싶다.

관계의 선 안에
혹은 그 밖에 있는가?

관계를 시작하는 것은 어렵지 않다. 너무 깊지도 넓지도 않고, 그렇다고 너무 드러날 것도 없다. 처음에는 다 좋다. 우정이 싹트기 시작하면서 감정이 생기고 인생이 즐거워진다. 관계는 바에서 빠른 음악에 맞춰 춤을 추는 것과 같다. 다른 사람들과 실제로 접촉하지 않아도 그들을 어느 정도는 알 수 있다. 그들이 움직이는 것을 보고, 리듬을 느끼고, 서로를 보며 웃고 함께 소리도 지르며 즐겁게 춤을 춘다. 음악이 끝나면 사람들에게 함께 해 줘서 즐거웠다는 인사를 한다.

이렇게 다른 사람을 알아 가고 다시 함께 춤을 출지 결정하게 된다. 만약 당신이 그 사람에게 호감을 느끼고 서로 간에 공통점이 있다고 생각한다면 다시 춤을 출 것이다. 다음에도 또 춤을 출 수 있다.

다른 사람과의 관계에서 좋은 느낌을 받는다면 그 관계에서 신뢰가 조금씩 나타나게 된다. 그때는 그 사람과의 거래를 승낙해도 된다. 그 거래가 미팅이든 저녁 식사이든, 세일즈 또는 친목 모임이든, 심지어 키스까지도 승낙해도 된다.

관계가 무르익어 갈수록 진실과 사실들이 점차 드러나기 시작하고, 진실과 사실들이 관계 지속의 시간과 미래를 결정하게 되는 것이다. 그렇게 어느 날에는 지금까지 전혀 알지 못한 것들, 일상의 거래와 삶의 상호작용으로 나타나는 인내심, 감정, 느낌, 그리고 반응들을 보게 된다. 나는 이를 '선'이라고 부른다. 당신에게도 '선' 또는 '범주', '수준', '한계'라는 것이 있다. 당신은 이 '선'을 넘어서는 곳으로 가지 않을 것이다. 즉 인내의 '한계', 사회적 '범주', 철학적 '수준', 그리고 비즈니스 '범위'가 바로 '선'이다. 만약 누군가 당신의 '선'을 넘어서려 한다면 당신의 참을성 수준은 어떻게 해서든 이를 저지하거나 거부할 것이다. 심지어는 그냥 버릴 수도 있다.
타인의 '선'을 수용할 수 있고, 당신의 '선'과 공존 가능성을 발견한다면 관계를 계속 넓혀갈지 관계를 없앨지 결정하게 된다.

예를 들어 나는 담배를 피우지 않는다. 술을 많이 마시지도 않는다. 만일 내가 술과 담배를 좋아하는 사람과 함께 있다면 나는 나의 '선'을 넘어선 위치에 서 있는 것이다. 이 사람 주변에 함께 있고 싶은 마음도 별로 없다. 영원히 함께 하지 않겠다는 것이 아니라 별로 같이 있고 싶지 않다는 말이다. 나와 비즈니스 관계를 맺은 사람들 중에 술과 담배를 좋아하는 사람이 있을 수도 있다. 하지만 그들과의 친목 모임은 절대 만들지 않는다.

이 밖에도 도덕적 '선'이 있는데, 개인적인 측면은 물론 비즈니스 측면에도 도덕적 '선'이 존재한다. 누군가 당신의 도덕적 '선'을 넘어선다면 당신은 즉각 반응할 것이다. 대부분의 사람들은 '위험'이라는 것에 매우 민감하게 반응한다. 골프 스코어를 속이는 것처럼 천진난만한 것에서부터 세금 포탈이나 돈을 지불하지 않는 것과 같이 심각하게 도덕적 '선'을 넘어설 수도 있다. 어떤 것이 되었든 이는 곧 관계의 파괴를 의미한다.

감정의 '선'이라는 것도 있다. 감정의 '선'은 무언가 잘못 되었을 때 사람들이 보이는 반응이다. 또는 논쟁에 대해서 보이는 사람들의 반응, 그들의 반응에 대한 당신의 느낌이다. 이 사람이 지금 불만을 말하고 있는가? 혹시 성격이 급한 사람인가, 아니면 무례한 사람인가? 입버릇이 사나운가? 전혀 예측할 수 없는 사람인가? 종종 자제심을 잃거나 그보다 더 나쁘게 되는가? 당신이 싫어하거나 두려워하는 성격을 가진 사람은 아닌가? 다시 말해 분노나 적개심 등의 반응, 심지어 폭력의 위협이 있는가?

한마디로 정리하자면, 반응이 당신의 '선' 안에 있는가(안전함), 아니면 밖에 있는가(안전하지 못함)?

'선'과 반대되는 개념이 있다. 바로 인내이다.

짧은 시간 동안은 대부분 모든 것을 참을 수 있다. 그러나 누군가 당신의 '선'을 넘어서게 되면 당신의 인내 또한 말없이 점차 사라지게 된다.

나는 개인적으로 '선'을 넘어선 고요한 상황이 더 위험하고 강력하다고 믿는다. 왜냐하면 아무런 말없이 현재의 상황이 지속되게 만들고, 감정을 심화시키기 때문에 더 위험하고 강력한 것이다. 그리고 마침내 폭발하고 만다.

당신의 '선'은 무엇인가? 당신은 어느 지점까지 수용할 수 있는가? 관계를 지속하기 위해 다른 사람들을 어디까지 받아들일 수 있는가?
대부분의 부부 관계는 그 관계가 끝나기 전까지는 상당히 아름답다.
치약 뚜껑이 제대로 닫혀 있지 않고, 빨랫감이 여기저기서 나뒹굴고, 싱크대에 설거지할 접시가 쌓여 있고, 집 한쪽에서 빗물이 샌다고 생각해 보자. 이런 사소한 일들이 사랑을 갉아먹는 것들이다. 사소한 이런 일들이 100번이나 계속해서 일어난다면 이는 곧 누군가의 '선'을 넘어서는 것이 되기 때문이다.

물론 개인 관계에 있어서 더 심각한 '선'도 있다. 이 책을 쓴 목적이 따로 있으므로 그것까지는 말하지 않겠다. 만일 더 심각한 '선'이 무엇인지 기억나지 않는다면 매일 밤 지역 뉴스를 보면 절대 잊지 않을 것이다. 그보다 나는 지금 당신에게 수용 가능한 '선'의 영역을 넓히는 과제를 제시하고 있다. 자신의 인내를 확대하라는 것이다.

불평하고, 들볶고, 트집 잡고, 푸념하고, 또는 말다툼을 하기 전에 당신이 도울 수 있는 방법을 먼저 찾아보라. 타인과 좀 더 타협할 수 있는 방법을 찾아라. 저항보다는 전략, 'No'보다는 'Yes'라고 말할 수 있는 방법을 찾아라.

당신의 개인적인 '선'이 비즈니스의 '선', 경력의 '선'을 결정한다. 그리고 당신의 행복도!

신뢰가 꽃피는 관계는
어떻게 만드는가?

거래를 성사시키고 나서 당신이 가장 먼저 하는 것은 승리를 축하하는 일일 것이다. 1~2분 정도 자축하는 것은 괜찮다. 하지만 그다음에는 더 많은 판매 실적을 달성해야 한다.

거래가 이루어진 뒤에 당신이 해야 할 일은 축하보다 어떻게 거래가 성사되었는지 파악하는 것이다. 고객들이 왜 당신의 제품을 구매했는지 알아야 한다. 냉혹한 평가가 다시 다음 판매를 성사시킨다. 수년간 나는 다음의 세일즈 법칙을 지켜 왔다.

만약 사람들이 당신을 좋아하고 당신을 믿는다면, 이는 곧 그들이 당신에게 확신을 갖고 있으며, 당신을 신뢰한다는 뜻이다. 이렇게 되면 그들은 당신의 제품을 구매할 것이다.

고객이 당신의 제품을 구매하는 이유는 당신을 신뢰하기 때문이다. 하지만 신뢰를 얻기 위해서는 당신에게 호감을 느껴야 한다. 그런 다음에 당신을 믿어야 한다. 만약 이러한 요소들이 없다면 신뢰(또는 구매할 정도로 충분한 신뢰)는 절대 만들어질 수 없다.

세일즈 법칙에도 예외는 있다. 세일즈의 경우 신뢰가 있건 없건 어떤 고객은 가장 낮은 가격만을 원하는데, 이런 사람들은 피해야 한다.

비즈니스 관계에서 한 사람이 다른 사람을 왜 신뢰하게 되는 것일까? 신뢰는 견해이자 깨달음이다. 특히 가치 견해는 더 중요하다. 세일즈에서도 잠재 고객이 가치를 느낀다면 그 사람은 당신을 믿고, 확신하게 되고, 구매까지 이어질 수도 있다.

관계는 신뢰에 기초한다. 시간이 흐름에 따라 상대방과의 약속과 상호작용, 그리고 말과 행동이 더해진다. 관계는 과거성과 역사에도 영향을 받는다. 신뢰는 주어지는 것이 아니라 얻는 것이다. 하루 만에 얻을 수 있는 것은 아니지만 날마다 얻어지는 것이다!

신뢰를 얻기까지 10년의 시간이 걸릴 수도 있다. 하지만 그 신뢰를 잃는 데 1분도 걸리지 않을 수 있다. 이 둘의 차이점은 그리 크지 않다. 단 한 글자 차이뿐이다. 신뢰 또는 불신.

당신은 왜 다른 사람을 신뢰하는가? 자신이 누군가를 신뢰할 수 있게 허락하는 마음속 기준이 무엇인지 생각해 보자. 그런 다음 자신이 신뢰하는 사람들을 생각해 보고, 스스로에게 질문해 보라. 나는 왜 그 사람을 신뢰하는가? 믿음직해서? 한결같아서? 오랜 우정 때문에? 아낌없이 주는 사람이라서? 진실한 사람이라서? 잘 이해해 주는 사람이라서? 그 사람의 말과 생각, 행동을 의지하고 믿기 때문에? 아무런 대가 없이 당신에게 무언가를 해 주는 사람이라서?

신뢰는 복잡한 것이 아니다. 당신이 타인을 신뢰하는 이유들이 곧 신뢰받는 사람이 되는 전략이다. 신뢰의 관계를 꽃피우기 위해 반드시 마스터해야 하는 신뢰의 요소들을 소개한다.

◆ **진실을 말하라.** 진실은 신뢰와 관계의 가장 중요한 요소이다. 진실을 배반하는 순간, 신뢰는 그 자리에서 증발하고 다시 돌아오지 않을 수도 있다.

◆ **약속한 것을 이행하라.** 사람들은 당신이 약속한 것을 이행하기를 바란다.

◆ **하겠다고 말한 일은 반드시 하라.** 이는 믿음직한 사람이 되기 위한 하나의 테스트이다.

◆ **타이밍에 맞게 말하라.** 신속한 대답은 당신이 책임감 있고, 일을 중요시하고, 나아가 진심으로 고객을 걱정하고 있음을 보여 준다.

◆ **당신이 파는 제품 그 이상의 가치를 제공하라.** 다른 사람들이 좀 더 성공할 수 있도록 돕는 것, 그것이 당신의 진정한 모습이다.

◆ **약속 시간을 지켜라.** 약속 시간을 지키는 것은 당신이 다른 사람의 시간을 존중하고 있음을 뜻한다. 당신의 신뢰성을 증명하는 것이기도 하다.

◆ **친절하라.** 웃음은 열린 대화로 들어가는 문을 쉽게 찾을 수 있게 한다. 친절하다고 해서 추가 비용이 드는 것도 아니다.

◆ **정직하라.** 정직은 당신이 하는 일에 대한 믿음, 사랑, 그리고 타인에 대한 관심이 있을 때만 나올 수 있는 것이다. 정직은 다른 사람들에게만 진실하라는 의미가 아니다. 자기 자신에게도 진실해야 한다.

◆ **그들의 비즈니스에 감사하라.** 진실한 감사는 관계를 형성할 뿐만 아니라 충성심까지도 높일 수 있다.

◆ **도움이 되는 사람이 될 수 있다는 것에 감사하라.** 당신에게 서비스 마인드가 있고, 다른 사람들을 서비스하는 일을 좋아한다면, 당신의 모든 행동이 신뢰를 만든다.

◆ **한결같아라.** 신뢰는 일시적인 것이 아니라 지속적인 것이다. 하루는 약속 시간을 지키고 다음날은 늦게 도착하는 것이 아니다. 하루는 친절하고 다음날에는 무례해서도 안 된다. 어떤 날은 배달을 해 주고 어떤 날은 해 주지 않는 것은 옳지 않다. 나는 이 요소가 마스터하기 가장 어렵다고 생각한다. 이 요소가 다른 모든 요소들을 통합하기 때문이다.

◆ **신뢰를 주어라.** 다른 사람들에게 신뢰를 줌으로써 당신은 신뢰받는 사람이 된다.

신뢰는 세일즈와 비즈니스는 물론 개인 관계에 있어서도 가장 핵심적인 요소이다. 신뢰는 모든 요소들을 하나로 붙여 주는 접착제 같은 역할을 한다. 신뢰가 없으면 관계는 점차 약해지고 멀어져서 마침내 사라지고 만다.

신뢰를 만들기 위해 당신이 하는 일은 무엇인가? 신뢰를 쌓기 위해 당신이 하는 일은 무엇인가? 쌓아 놓은 신뢰를 향상시키기 위해 당신이 하는 일은 무엇인가? 쌓아 놓은 신뢰를 보호하고 지키기 위해 당신이 하는 일은 무엇인가?

나는 당신이 이러한 문제를 해결하기 위해 노력하고 있다고 믿는다. 신뢰를 얻는 방법에 대한 아이디어 하나를 더 소개한다.

당신의 아이디어, 생각, 그리고 철학을 글로 쓰고 출판하라!

지난 15년 동안 나는 적어도 일주일에 한 편의 글을 출판했다. 내가 만드는 이메일 잡지는 화요일과 금요일에 발행되는 경제 신문에 각각 한 번씩 일주일에 두 번 출판된다. 세일즈와 고객 충성, 그리고 'Yes'에 관련된 나만의 아이디어, 전략, 그리고 철학을 출판하는 것이다. 한 주, 그리고 또 한 주, 또 다시 한 주, 그렇게 매주, 좀 더 정확히 하자면 지금까지 848주 동안 신뢰가 강화된 독자들은 충성심을 갖게 된다. 태도가 곧 신뢰를 만드는 것이다.

모든 사람들이 보고 읽을 수 있는 한결같고 가치 주도적인 행동은 이를 받아들이는 사람들의 마음속에 신뢰를 만든다. 비록 그들이 당신을 만난 적도, 본 적도 없다 해도 신뢰를 만들어 낸다.

내 이메일 주소록이 2만 1천 개에서 35만 개로 확장된 것은 단 한 가지, 내가 하는 말을 듣고 읽고 싶은 만큼 나를 신뢰하기 때문이다.

신뢰는 어떤 값으로도 살 수 없다.

신뢰는 시간이 흐를수록 천천히,

무료로 만드는 것이다.

－제프리 지토머

기업의
신뢰

　　　　　나는 앞으로 10년 안에 기업 신뢰가 크게 대두될 것이라고 생각한다. 충성심의 가치를 깨달은 진보된 기업이라면 신뢰로 진화하기 위해 노력할 것이다.

충성심은 신뢰로부터 만들어진다. 대기업들의 경우 직원들, 고객들, 주주들, 그리고 협력 업체들의 신뢰를 얻기 위해 노력함과 동시에 수익성과 주식 가치를 유지하고자 노력한다. 신뢰할 수 없다면 균형을 잡기는 힘든 법이다.

기업들은 종종 고객과 직원들의 희생을 감수하고서라도 주식 가치를 유지하고자 한다. 하지만 그 과정 동안 신뢰를 잃게 되고 기업의 사기는 저하된다. 특히 경제 성장이 느리거나 기업합병이 있은 바로 다음에 이런 현상이 더 잘 나타난다.

신뢰와 충성의 기본 법칙은 별반 다르지 않다. 충성을 얻기 위한 최선의 방법은 충성을 하는 것이다. 신뢰를 얻는 최선의 방법은 신뢰를 주는 것이다.

유익한 정보 하나 : 외부에서 보기에 믿을 만해 보이고 싶다면, 내부에서 보기에도 그러해야 한다. 그리고 기업을 경영하는 리더, 즉 임원급 경영진이라면 자신의 결정과 행동에 따라 그런 환경을 만들거나 파괴하게 된다.

마케팅에 뛰어들기. 이것이 바로 대기업들을 바보로 만드는 가장 확실한 방법이다. "정겨운 하늘을 나세요_{Fly the friendly skies, 유나이티드항공사에서 1966년부터 1997년까지 사용했던 슬로건.}"라는 항공사 광고를 보고 막상 비행기를 타도 정겨움은 어디에서도 찾아볼 수 없다. 대기업들이 이미지 만들기에 급급한 나머지

"'신뢰'라는 주제로 프레젠테이션을 해야 해서 문서를 만들어야 해요.
준비 시간이 부족하면 인터넷에서 아무거나 베끼세요!"

그 이미지를 지킬 수 있도록 직원들을 돕는 일에는 소홀했기 때문이다. 더욱 심각한 문제, 예를 들어 JD파워JD Power and Associates. 마케팅 정보 회사로 자동차 분야 등 소비자 만족 조사로 유명함에서는 심지어 이들 기업들에게 '고객 만족 우수상'을 수여하고 있다는 것이다.

고객과 직원들은 이런 상을 수여하는 것을 보고 아주 크게 비웃거나 조용히 히죽대고 있다. 자, 이제 정답을 말하겠다.

신뢰는 충성심이 시작되는 바로 그 지점에서 시작된다. 계속되는 적자를 해소하기 위해 직원들을 해고해야 하는 상황이라면 이러한 상황에 대해서 직원들에게 진실을 말해야 한다. 진실을 전달할 때는 직원들이 분명히 이해할 수 있게 모든 진실을 말해야 한다. 도움도 희망도 없는 사람이라면 즉시 해고해야 하지만, 당신이 직원들의 품위를 지켜 줄수록 남아 있는 직원들의 존경과 신뢰 또한 더 많이 얻을 수 있다.

신뢰를 얻으려면 최고 경영진들은 직원들과 열린 마음으로 대화해야 한다. 이 말은 곧 기업 내의 모든 직원들과 열린 마음으로 대화하라는 뜻이다. 열린 마음의 대화가 없는 곳에서 루머가 시작된다. 루머는 이메일보다 1,000배는 더 빠르게 퍼져 나간다. 게다가 정보 통신의 발달로 루머는 빠르게 확산될 뿐만 아니라 추적하기도 힘들다. 신뢰는 사기를 높일 수도 있지만 사기를 저하시킬 수도 있다.

상호 간에 대화가 충분하지 못하면 많은 루머가 생겨난다. 루머는 사람들을 불안하게 만들고 생산력을 감소시킨다. 루머와 불안감은 사기 저하의 핵심이다.

임원진은 기업 내 모든 직원들의 눈에 띄는 방법으로 대화에 참여해야 한다. 이 방법은 반드시 직접, 그것도 직원들과 얼굴을 맞대면서 대화해야 한다. 직접 말해도 좋고 온라인이나 팟캐스트Podcast 형태를 이용한 동영상 메시지로 전달할 수도 있다.

고위 간부라면 반드시 고객과 협력 업체를 가까이해야 한다. 고객 및 협력 업체와 직접적으로 관계를 맺음으로써 사업 흐름과 실제로 발생하고 있는 일들에 대해서 알 수 있다. 뿐만 아니라 직원들, 고객들, 그리고 협력 업체 사람들에게 굉장한 친근감을 만들어 낸다.

더 잘될 것 같다는 느낌을 받아들이는 본능, 진실, 열린 마음은 신뢰를 탄생시키고, 신뢰를 얻고, 신뢰를 지키는 비결이다.

예전에는 기업에서 성실하게 근무하고 고객늘에게 봉사한 직원둘에게 금으로 장식한 손목시계를 나눠 주었다. 그러나 오늘날의 기업들은 23년간의 봉사에도 불구하고 수익 창출을 위해 직원들에게 주는 것이라곤 해고 통지서뿐이다.

기업이 신뢰를 잃음으로써 발생하는 '비용'에는 무엇이 있을까?

◆ 신뢰가 없으면 사기가 저하된다.

◆ 신뢰가 없으면 생산성도 낮아진다.

◆ 신뢰가 없으면 좋은 서비스도 없다.

◆ 신뢰가 없으면 엄격한 정책이 존재한다.

◆ 신뢰가 없으면 이직률이 높아진다.

◆ 신뢰가 없으면 루머가 무성하다.

◆ 신뢰가 없으면 열린 대화도 없다.

◆ 신뢰가 없으면 의심과 실망감이 존재한다.

회의할 때 '신뢰'라는 말을 '이익'이라는 말보다 더 많이 쓰고 있는가? 심히 의심스럽다.

영향력 있는 사람이 성공한다

고객에게 더 많은 영향력을 발휘하고 싶은가? 당신의 상사에게도? 잠재 고객, 단골 고객, 친구들과 동료들에게도? 그러면 어떤 요소가 영향력 있는 사람으로 만들어 주는지 생각해 본 적이 있는가?

이어지는 페이지들에서 영향력 있는 사람으로 만들어 주는 요소들을 소개한다. 영향력 있는 사람이라고 해서 다음의 특성들을 전부 가지고 있는 것은 아니지만, 많이 가질수록 더 큰 영향력을 발휘한다.

소개하는 요소들을 단순히 읽지만 말고, 당신의 능력 수준과 비교하면서 읽으면 당신만의 이해력을 발달시킬 수 있고 동시에 지위도 높일 수 있다.

영향력이 큰 사람은……

◆ **스마트하다.** 논리적으로 생각하는 사람이다. 주어진 상황에 대해서 어

쩔 줄 몰라 허둥대기보다는 해답을 생각해 낼 수 있는 사람이다. 눈앞에 있는 다급함이 아니라 일 전체를 보는 사람이다.

◆ **예리하다.** 스마트함을 넘어 예리한 사람은 해답, 그리고 실행 작전까지도 볼 수 있다. 예리한 사람이 계획을 실행하는 것은 자기 자신보다 다른 사람들의 이익을 위한 것이다. 이것이 결코 자신의 승리(소득 또는 영업 수수료)를 포기한다는 뜻은 아니지만, 자신만이 아닌 모두의 승리를 뜻한다.

◆ **박식하다.** 스마트함을 넘어 아는 것이 많은 사람은 지금 일어나는 일들에 대한 이해력이 뛰어나다. 제품 지식, 서비스 지식, 그리고 경험이 있으며, 단순히 이를 사용하는 방법뿐만 아니라 어떻게 하면 이를 이용해 수익과 성과를 만들어 낼 수 있는지 안다.

◆ **장기적인 관점을 가지고 있다.** 영향력은 관계에 의해 결정되고, 관계는 장기적인 관점으로 봐야 한다. 영향력은 당신에게 할당된 몫이 있는 것도 아니고, 이달 말까지 내야 하는 것도 아니다. 정해진 마감 날은 없지만 오랜 시간 동안 다른 사람들에게 가장 좋은 일을 하는 것이 영향력이다.

◆ **수많은 정답을 가지고 있다.** 영향력이 있는 사람은 다른 사람들에게 강요하지 않는다. 오히려 정답이 필요한 사람이 영향력이 있는 사람을 부른다. 영향력 있는 사람이 분명 옳은 답, 그리고 최고의 답을 알고 있을

것이라 굳게 믿는다.

◆ **쓸 만한 아이디어를 가지고 있다.** 이 아이디어들은 과거의 경험에 기초한
것이며, 현실성이 제일 높은 답이다. 상황을 완벽하게 이해한 다음에
나온 생각이기 때문에 다른 사람들이 수용하고 실행하기에 충분한 영
향력을 가지고 있다.

◆ **창의적이다.** 창의성은 아이디어의 어머니이다. 창의적인 사람은 창의성
을 공부한 사람들이며, 어떤 상황에서도 생각을 멈추지 않는 두뇌를
창의성과 결합시킨다.

◆ **생각하는 사람이다.** 나는 대부분의 사람들은 생각하는 데 시간을 투자
하지 않기 때문에 강력한 영향력을 발휘하지 못한다고 생각한다. 반면
에 생각하는 사람들은 관찰자이다. 그들은 그냥 말하지 않는다. 말하
는 동시에 보고, 생각하고, 논리를 따진다. 그런 다음 질문에 대답한다.

◆ **판매가 아니라 서비스를 이끄는 사람이다.** 세일즈맨들은 단기적인 영향
력만을 발휘하지만, 영향력이 큰 사람은 서비스를 이끌고, 그 서비스가
판매를 이끈다.

◆ **평판이 높다.** 당신이 영향력 있는 사람이 되고 싶다면, 일단 다른 사람들

이 당신에게 자격이 있는지 없는지, 그리고 신뢰받는 사람인지 확인해야 한다. 본인 스스로 자신은 영향력이 있는 사람이라고 생각할 수 있지만 결과만으로 본다면 틀린 생각이다. 다른 사람들이 영향력 있는 사람이라고 생각하고, 말하고, 인정해 주어야 영향력 있는 사람이 되는 것이다.

◆ **적절한 타이밍을 안다.** 사람들의 손을 언제 잡아 주어야 하는지, 그들을 언제 안아 주어야 하는지 잘 안다.

◆ **훌륭한 태도를 가지고 있다.** 당신은 지금 투덜대고 불평을 하고 있는데, 어떻게 다른 사람들에게 영향력을 발휘할 수 있는가? 나는 불가능하다고 생각한다. '강력한 영향력'이라는 말을 이제는 '긍정적인 영향력'이라는 말로 바꿔 써야 할 때인 것 같다.

◆ **책을 많이 읽는다.** 영향력이란 단순히 경험뿐만 아니라 스스로의 생각과 논리의 통합에 바탕을 둔다. 책을 읽는 것은 이해력을 넓히고 자신의 생각을 명확히 하는 데 도움이 되고 사고를 연마하는 데도 도움이 된다. 영향력의 기반을 마련하는 사람에게 책은 유용하게 사용할 수 있는 자원이다.

◆ **책을 출간한다.** 지난 15년 동안 나는 주간 칼럼을 써 왔다. 숫자로 따지자면 총 800개가 넘는다. 이 글들을 통해 다른 사람들의 생각과 행동

을 돕고, 영향을 주기도 했다. 당신이 영향력 있는 사람이 되고 싶다면 다양한 형태로 영향력을 발휘해야 한다. 만약 당신이 쓴 글을 통해 다른 사람들이 영향을 받는다면, 그들은 당신이 하는 말에도 영향을 받게 될 것이다.

◆ **작가이다.** 책이라는 것은 영향력과 동시에 명성을 가진다. 글들이 모이면 책으로 묶을 수 있다. 책은 누군가에게 읽혀지는 것이고, 책을 읽는 사람들은 그 책을 쓴 작가에게 영향을 받는다.

◆ **사람들이 좋아한다.** 모든 조건이 같다면 사람들은 친구의 영향력을 받기를 원한다. 모든 조건이 같지 않아도 사람들은 친구의 영향력을 받기를 원한다. 친한 친구가 사회에서 영향력을 발휘하는 사람이 아니어도 친구야말로 최고의 영향력자이다.

◆ **고객**(타인)**의 신임을 얻은 사람이다.** 당신이 꾸준하게 노력하고 지혜를 전할수록 더 큰 성공과 신임을 얻을 수 있다. 신임이라는 것은 오랜 시간에 걸친 노력의 결과로 나타나는 것이다.

◆ **항상 진실만을 이야기한다.** 거짓말로 다른 사람들에게 일시적인 영향력을 미칠 수는 있다. 하지만 그 거짓이 밝혀지는 순간 다시는 영향력을 발휘할 수 없게 된다.

◆ **어떤 일이 있어도 맡은 일을 완성한다.** 영향력 있는 사람은 실천하는 사람이다. 하겠다고 말만 하는 것이 아니라 자신이 말한 것을 실천으로 옮긴다. 영향력 있는 사람이 핑계를 대지 않는 이유는 그럴 필요가 없기 때문이다. 또한 그들은 믿음직하고 포기하지 않는다. 맡은 일을 완성하기 전까지 절대 포기하지 않는다.

◆ **신뢰를 얻는다.** 신뢰라는 것은 이 모든 요소들을 통합하면 얻을 수 있다. 잊지 말아야 할 것은 단 한 번의 행동, 단 한 번의 거짓말, 단 한 번의 사건으로 신뢰를 잃을 수 있다는 것! 당신이 사람들에게 거짓말을 하면, 신뢰는 곧 사라진다. 어떠한 요소도 단독으로는 신뢰를 형성할 수 없다. 하지만 이 중에 한 개의 요소라도 없다면 당신의 신뢰는 곧 무너져 버릴 것이다.

◆ **성공하는 사람이다.** 자신이 맡은 일을 성공적으로 마치고 성공적인 결과를 창출하는 사람이다. 결과로서 자신의 모든 것을 보여 주는 것이다.

◆ **승자이다.** 과거의 경험을 통해 어떻게 하면 승리하는지 잘 알고 있다. 당연히 패배한 횟수보다 승리한 횟수가 많은 사람이다.

◆ **탐욕스럽지 않다.** 이 세상에 주는 사람과 받는 사람이 존재한다면, 사람들은 영향력 있는 사람을 주는 사람으로 생각할 것이다. 항상 돈만 생

각하고, 돈에 관련된 말만 하는 사람은 타인을 돕는 사람보다 더 큰 영향력을 발휘할 수 없다.

◆ **잘 조화하는 사람이다.** 관계, 신뢰, 그리고 영향력에 있어서 가장 강력하지만 언급되지 않는 요소가 있다. 서로에 대해 얼마나 편안하게 느끼고, 함께 비즈니스를 할 때 얼마나 유용하며, 자연스럽게 관계가 형성되느냐이다. 이러한 것들은 강요한다고 해서 해결되는 문제는 아니지만 잘 맞아야 한다.

위의 요소를 잘 보라. 이 중에 '돈 있는 사람'이라는 요소는 없다. 돈이 많은 것과 영향력이 큰 것은 상호 배타적 관계이다. 돈이 많다면 다소 유리한 입장에 설 수는 있지만, 이보다 1,000배나 더 중요한 것이 돈을 제외한 다른 요소들이다!

영향력의 요소들을 마스터하려면 아마도 몇 년의 시간이 필요할 것이다. 하지만 당신이 영향력 있는 사람이 되고자 결심했다면 정말 좋은 소식이 있다. 대부분의 사람들은 위의 리스트만 보고 지레 포기한다. "할 게 너무 많아."라고 말하면서 투덜거릴 것이다.

당신이 정상에 설 가능성은 더 커지는 것이다!

믿을 만한 사람을 만드는 비결은 그를 믿는 것이다.

헨리 스팀슨 Henry Stimson, 1867~1950

PART
5

신뢰의 회복

신뢰 회복을 위한 법칙

신뢰를 잃었을 때 가장 먼저 해야 할 일은 무엇일까? 책임을 지는 것이다. 자기 자신을 비난할 필요도 없고 좌절할 필요도 없다. 잃어버린 신뢰를 최대한 회복하는 것이 중요하다. 다른 사람들에게 자신의 의향을 밝히고 그런 다음 장기적인 회복 계획을 세운다.

그다음 할 일은 신뢰가 무너진 이유를 알아내는 것이다. 그중에는 풀기 쉬운 문제들도 분명 있을 것이다.

신뢰 위반의 정도가 크다면 다시 타협으로 돌아오기는 어렵다. 자신의 잘못된 행동을 오히려 남의 탓으로 돌릴 가능성도 있다. 당신이 어떤 선택을 하고, 그 선택 때문에 신뢰가 위반된 것이 확실하다면, 바로 이때가 강력한 회복 계획을 세울 때이다.

이런저런 이유를 대면서 그럴 수밖에 없었다고 계속해서 자신을 비난한다면 당신의 회복 계획은 당신의 책임 감당 능력만큼이나 하찮게 끝나 버릴 것이다.

이어지는 페이지에서는 신뢰를 잃었을 경우 신뢰를 회복할 수 있는 몇 가지 계획을 소개한다. 이 계획들은 어렵지 않은 속성 규칙들이다. 관계를 회복할 수 있게 구체적인 계획을 세우는 데 도움이 될 것이다.

비즈니스에서의 신뢰 회복

고객. 만약 고객이 당신과 계속해서 거래를 하고 있다면, 당신이 하고자 하는 일을 보여 주는 문서를 준비한 다음 최대한 빠른 시간 안에 그를 만나라.

고객에게 무슨 일이 일어난 것인지 먼저 간단하게 설명하면 좀 더 도움이 될 수 있다. 그러나 글로 쓰지는 말라. 사과하되 "죄송합니다.", "~를 대신해서"라는 말도 하지 말라. 고객 또는 거래 기업에게 무슨 말을 하든 무조건 1인칭 단수(저는, 제가)로 말하라. 고객과의 미팅 상황에 따라 신뢰 회복까지의 시간이 결정된다고 보면 된다.

겸손하게 고객의 의견을 묻고, 고객의 아이디어를 요청하라. 하지만 절대로 "신뢰를 회복하기 위해서 우리가 무엇을 해야 하나요?" 또는 "신뢰를 회복하기 위해서 제가 무엇을 해야 하나요?"라고 물어서는 안 된다. 이 질문에 대한 답은 미리 준비해서 고객을 만나야 한다.

아니면 다음과 같이 말문을 연다. "우리의 관계를 예전처럼 긴밀한 관계로 만드는 몇 가지 생각이 저에게 있습니다. 제 생각을 들어 보시고 고객님은 어떻게 생각하시는지 의견을 듣고 싶습니다."

신뢰를 회복하기 위해 고객이 당신에게 시키는 (합당한) 일은 무엇이든 하라!

동료. 동료는 반은 가족 같은 사람이라고 할 수 있다. 가족과 보내는 시간만큼, 어쩌면 가족보다 더 많은 시간을 동료들과 보낸다. 당신과 동료의 관계는 가족 관계의 기준과 비슷할 것이다.

차이점이 있다면 동료는 직장에서 만나는 사람이고, 그들은 당신의 윤리와 행동보다 직업과 관련된 윤리를 더 우선으로 생각한다.

만약 당신의 신뢰 위반으로 상처받은 사람이 있다면 그를 찾아가라. 그에게 어떻게 해서 그런 일이 일어났는지, 그 일로 인해 당신이 어떻게 느끼고 있는지, 앞으로 당신이 무엇을 할 것인지 이야기하라.

회사에서 신뢰를 잃었다고 하자. 예를 들어 정해진 기일 안에 프로젝트를 완성하지 못했다거나 실수가 반복되었다. 지각처럼 당신의 행동으로 인해 신뢰를 잃었다면 회사 관리자에게 사과하고, 당신이 앞으로 지키고자 하는 새로운 규범을 만들어 끊임없이 실천해야 한다.

직장에서의 신뢰와 직장에서의 성공은 형제 사이다. 남을 험담하는 것을 별일 아닌 것처럼 생각할 수도 있다. 아니면 회사에 관한 소문을 말한다거나 상사에 대해 나쁜 말을 하는 일을 그리 심각하게 생각하지 않을 수도 있다. 하지만 이런 작은 행동들이 오랜 기간에 걸쳐 일어나면 결과적으로 그 행동들이 당신의 평판으로 이어진다. 좋건 나쁘건 당신이 선택한 일이고, 당신이 한 행동이다. 따라서 신뢰를 회복하는 유일한 방법은 당신의 습관을 바꾸는 것이다.

누군가 당신에게 다가와 타인에 대해 안 좋은 이야기를 하면, 그 대화를 잠시 멈추고 이야기의 대상이 된 사람을 데려와 대화에 함께 참여시켜라.

협력 업체. 나의 아버지는 나에게 협력 업체가 고객보다 더 중요하다고 가르쳤다. 협력 업체의 수는 한정되어 있지만 고객의 수는 무제한이기 때문이다. 협력 업체와의 관계에서 신뢰가 깨졌다면, 그런데 그 협력 업체가 당신의 비즈니스에서 가장 중요한 공급자라면 미팅을 주선하라. 일이 발생한 지 일주일 내로 직접 얼굴을 마주하는 만남을 가져라. 전화 통화는 최대한 삼가야 한다. 발생한 일에 대해서 핑계를 대려는 전화라면 더욱 더 삼가라.

어떤 종류의 신뢰를 위반했든 핑계를 대는 것은 아무 소용이 없다. 위반한 내용이 부도 수표 또는 기타 재정과 관련된 것이라면 더 그러하다. 협력 업체와의 신뢰를 다시 만들려면 협력 업체가 당신을 한 명의 고객으로서 신뢰할 수 있어야 한다.

좋은 소식을 말한다면, 협력 업체는 당신에게 더 많은 제품을 팔고 싶어 한다는 것. 나쁜 소식은 방금 당신은 무료 신용을 잃었고, 협력 업체와 거래를 계속 이어 가려면 은행을 찾아가거나 재정을 조달할 수단을 찾아야 할지도 모른다는 것!

삶에서의 신뢰 회복

친구. 잠시 하던 일을 멈추고 과거의 친구들을 생각해 보자. 좋은 관계였던 친구들 말고 어떻게 하다가 서로 갈라서거나 영영 보지 않게 된 친구들을 생각해 보라. 만일 당신이 우정을 배신한 장본인이라면, 불신을 방지하고 우정을 지켜 나가기 위해 할 수 있었던 일, 또 했던 일에는 어떤 것이 있는가?

예를 들어 당신의 친구가 비밀을 퍼뜨리거나 나쁜 소문을 만들어서 우정을 배신했다고 하자. 이 일이 어떻게 해서 일어났는지, 앞으로의 우정을 위해 이러한 일을 어떻게 방지할 수 있는지 생각해 본다.

우정의 회복은 가족의 신뢰 회복보다 더 쉽다. 왜 그런지는 모르지만 가족보다 친구를 더 진실하게 대한다. 친구들을 진실한 마음으로 대하고 끝

까지 관계를 이어 가라. 나아가 일어난 일을 넘어서 우정을 계속 이어 나
갈 가치가 있음에 대해 의견을 나눈다.

가족. 옛날 노래 중에 〈사랑하는 사람의 마음을 아프게 하는 당신You always
hurt the ones you love〉이라는 노래가 있다. 1940년대에 만들어진 팝송인데, 자신
과 가까이 있는 사람에게 상처를 준다는 내용을 담고 있다. 노래 가사
만으로는 무슨 일이 일어난 것인지 알 수 없고 용서를 비는 내용에 가
깝다. 하지만 현실에서는 이런 용서만으로는 아무것도 해결되지 않는다.
가족과 관련되어 신뢰가 무너지면 그 기억이 몇 년, 아니 평생 동안 남
아 있기도 한다.

하지만 좋은 소식은 그 사람들이 당신의 가족이라는 점이다. 그렇기 때
문에 당신은 그들을 사랑하고, 그들도 당신을 사랑한다. 나쁜 소식도 있
다. 당신이 어떠한 잘못을 했기 때문에 가족과의 신뢰가 무너진 것이다.
따라서 빠른 시일 내에 문제를 해결하면 장기적인 관점에서 봤을 때 더
긍정적인 결과를 얻을 수도 있다.

아무런 해결책 없이 그냥 지나친다고 해서 문제가 사라지는 것은 설대로
아니다. 당신이 상처를 준 가족 또는 가족들에게는 씻을 수 없는 상처로
남아 있게 된다.

중요한 것은 진실이다. 자백하고, 사과하고, 책임져라. 그런 다음 서로가
동의하는 결론을 찾아라. 결론을 찾았다고 해서 배반의 사실이 사라지지

는 않지만, 가족들이 서로 화합하고 신뢰를 회복할 수 있는 길을 마련해
줄 것이다.

배우자. 배우자나 의미 있는 사람과의 사이에서 신뢰가 가장 깨지기 쉽다.
배우자야말로 당신이 가장 많은 신뢰를 주어야 하는 사람이기 때문이다.
나의 경험에 비추어 볼 때 배우자와 함께 한 시간이 길면 길수록 위반 사
실을 더 숨기게 되는 것 같다. 이런 행동이 옳지 않다는 것을 잘 알면서
도 그렇게 되고 만다.

만일 당신이 이혼을 했다면, 이혼하기 전에 배우자로부터 "15년 후에 우
리는 헤어져 있을 거야."라는 이야기를 몇 번이나 들었는가?
아마도 당신의 삶을 배우자와 함께 하지 않아서, 아니면 공통 관심사가
없어서, 그것도 아니면 한쪽이 다른 쪽을 도저히 견디지 못해서 이혼하
게 되었을 것이다. 사실은 당신의 배우자와 더 이상 이야기를 나누지 않
았거나 신뢰할 만하게 이야기하지 않았을 것이다!
그리고 거짓말이 등장하는 것이다. 당신은 거짓말로 무너진 신뢰를 어떻
게 회복하는가? 거짓말을 배우자에게 들킨 경우 어떻게 하는가? 더 나쁜
것은 거짓말이 또 다른 거짓말을 낳게 된다는 사실이다.

당신도 정치인이 거짓말을 하다가 들키는 우스꽝스러운 일을 봤을 것이
다. 그렇게 잃어버린 국민의 신뢰를 되찾기 위해 갑작스럽게 국민이 원하

"다이어트를 할 때 의사가 그랬어. 어쩌다 한 번쯤은 속여도 된다고.
여보, 나 오늘 저녁에 당신 친구 래리와 놀러 나가."

는 것은 뭐든지 하겠다고 말한다. 그들의 거짓은 마치 불량 가발처럼 속이 훤히 들여다보인다.

결혼도 다를 바 없다. 신뢰를 회복하는 최선의 방법은 들키기 전에 용서를 구하는 것이지만 그렇게 하기 위해서는 큰 용기가 필요하다. 따라서 거짓으로부터 회복되는 최선의 방법은 비록 마음이 아프더라도 항상 진실을 말하는 것이다. 또 하나, 생략하는 것도 거짓말이다. 핵심을 말하자면, 터놓고 말하라는 것이다.

때론 진실이 상처가 될 수도 있다. 그러나 거짓만큼 아프지는 않다!

책임감을 부여하고 상대에게 믿음을 보여 주는 것만큼
큰 도움도 없다.

부커 워싱턴 Booker T. Washington

PART

6

신뢰받는
조언자 되기

신뢰받는 조언자란?

이번에는 비즈니스와 관련된 사람에게 신뢰받는 조언자가 되는 방법에 대해 이야기하려고 한다. 그 사람이 고객일 수도 있고 동료나 직장 상사 또는 직원이 될 수도 있다. 신뢰받는 조언자는 다른 사람들이 당신에 대해 느끼는 가치와 당신의 행동으로 결정된다. 또한 그들이 당신의 조언을 얼마나 받아들이고 조화시키느냐에 따라 결정된다.

신뢰는 여러 형태로 나타난다. 예를 들어 어떤 대답, 제품, 전략, 솔루션, 또는 그들이 필요로 하는 사람, 아니면 그들의 성공적인 비즈니스에 대한 중요한 선택의 형태가 될 수도 있다.

당신이 신뢰받는 조언자의 위치에 있다는 것은 사람들이 당신의 조언을 카운슬러나 절친한 친구의 조언처럼 받아들임을 뜻한다. 사람들은 절대적

단계라고 불리는 지점에 이를 때까지 당신을 신뢰할 것이다. 다른 사람은 할 수 없지만 당신은 그들을 도울 수 있다는 것을 이미 알기 때문이다.

다음은 신뢰받는 조언자가 보여 주는 특징들이다.

◆ 신뢰받는 조언자는 항상 해답을 가지고 있거나 곧 해답을 찾는다.

◆ 신뢰받는 조언자는 명성을 가지고 있다.

◆ 신뢰받는 조언자는 책임을 진다.

◆ 신뢰받는 조언자는 유용하다.

◆ 신뢰받는 조언자는 반응을 보인다.

◆ 신뢰받는 조언자는 구원한다.

여기서 중요한 점은 신뢰받는 조언자가 '책임감 있는 사람'만을 의미하지 않는다는 것이다. 이는 명예이다. 권위자가 되는 것이다! 당신의 지식이 당신의 진실과 윤리와 결합되어 존경받는 사람, 사람들이 필요로 하는 매우 가치 있는 사람이 되는 것이다!

그렇다고 부담을 가질 필요는 없다. 이건 당신에게 내려진 축복이다. 다른 사람들에게 강요한다고 해서 되는 것도 아니지만 말없이 주어지는 임무이며, 더 큰 성공으로 나아갈 수 있게 해 주는 그 무엇이다. 세일즈와 서비스 또는 리더십이든 상관없이 당신의 비즈니스가 모든 측면에서 더 큰 성공을 이룰 수 있게 해 주는 것이다.

신뢰받는 조언자에게는 성별이 없다. 신뢰받는 조언자에게는 나이 제한도 없다. 아무런 제약이 없다.

내가 이런 글을 쓸 자격이 되는 것은 내가 신뢰받는 조언자이기 때문이다. 고객과 동료들과의 실질적 관계에서 나는 신뢰받는 조언자이다. 내가 신뢰받는 조언자가 될 수 있었던 이유는 내가 쓰고 말한 것들이 시간이 지남에 따라 사람들에게 더욱 유용하고 설득력이 있었기 때문이다. 사람들은 나에게 수천 통의 감사 편지와 이메일을 보내 왔다. 나는 기업의 문화를 바꿨으며, 짧지 않은 시간 동안 맡은 일을 계속 해 왔다. 또한 나는 사람들에게 대가를 바라지 않고 가치 있는 것을 주는 사람으로 알려져 있다. 나에게 나폴레온 힐Napoleon Hill, 데일 카네기Dale Carnegie, 오리슨 스웨트 마든Orison Swett Marden, 그리고 얼 나이팅게일Earl Nightingale이 신뢰받는 조언자인 것과 같은 맥락이다.

그렇게 해서 나는 지금 세일즈를 하는 사람들의, 고객에게 서비스를 하는 사람들의, 그리고 전 세계에서 비즈니스를 하는 사람들의 신뢰받는 조언자가 되었다. 그리고 당신에게 있어서도 그러할 것이다.

당신이 매일 만나는 사람들이 당신을 더 존중하고, 더 신뢰하고, 당신의 조언을 신뢰한다면 당신은 얼마나 더 성공할 수 있을지 생각해 보라!

"주인님의 신뢰를 받는 조언자가 되고 싶어요.
혹시나 침 흘리기, 짖기, 핥기, 킁킁거리기, 카펫 더럽히기와 관련된
확실한 정보가 필요하다면 제가 적임자……, 아니 적임견입니다!"

신뢰받는 조언자가 되려면 더 많은 노력이 필요하다. 신뢰받는 조언자가 되는 것은 단순히 거짓말을 하고 그저 기다린다고 해서 되는 것이 아니다. 그 속에는 생각하기, 책 읽기, 맑은 마음 갖기가 포함된다. 또한 세계 수준의 전문가 되기, 공부하기, 위험 감수하기, 실패 경험하기, 올바른 태도 갖기, 상황이 어려울 때 신발 끈 단단히 묶기도 포함된다.

위 사항들이 멋진 것은 당신도 할 수 있기 때문이다. 좀 더 멋진 것은 소수의 사람만이 할 수 있다는 것이다. 가장 멋진 것은 당신이 이 지위에 도달하는 순간 돈을 넘어서 부의 경지로 나아가게 된다는 것이다. 단순히 성공이 아니라 자아실현이다!

이해력과
자아 발견

이번 가르침을 배우기 전에 당신에게 세 가지 심오한 질문을 하겠다.

◆ 당신은 자신이 신뢰받는 조언자라고 믿는가?

◆ 비즈니스 또는 관계의 요소들이 신뢰받는 조언자가 되기 위해 반드시 마스터 해야 할 것들인가?

◆ 고객들이 당신을 신뢰받는 조언자라고 생각하는가?

고객과 더 긴밀한 관계를 형성하고, 세일즈를 달성하고, 또 충성스런 고객을 만들기 위한 핵심이 고객에게 제공하는 제품과 서비스가 전부가 아니다. 더 좋은 관계를 만들고, 거래를 더 많이 하고, 재 주문을 더 받고, 더 많이 판매하고, 더 많은 소개와 추천을 받기 위한 핵심은 그 위치에 도달하는 것, 즉 신뢰받는 조언자의 지위를 얻는 것이다.

잠시 시간을 내서 자신이 신뢰받는 조언자라고 느끼게 하는 이유들을 정리해 보자. 그런 다음 이런 이유들로 당신의 조언을 받아들이고, 당신을 신뢰하는 조언자로 의지하는 사람들의 리스트를 만들어 본다.
리스트를 완성했으면 당신이 가지고 있는 전체 고객 리스트와 이 리스트를 비교해 보라. 전체 고객들 가운데 당신을 신뢰하는 조언자로 생각하는 고객이 전체의 20퍼센트가 넘는가? 좌절하지 말라. 대부분의 세일즈맨들과 경영자들 역시 10퍼센트에 미치지 못한다. 아니 그보다 훨씬 더 낮다.

이번 파트에 대해 더 깊이 들어가기 전에 분명히 해야 할 점이 있다. 신뢰받는 사람이 되는 것과 신뢰받는 조언자가 되는 것은 별개이다. 게다가 비슷하지도 않다. 신뢰받는 사람이 되는 것은 신뢰받는 조언자가 되는 것의 일부분에 불과하다. 다음의 질문들에 대해 생각해 보자.

◆ 사람들에게 당신의 브랜드는 얼마나 잘 알려져 있는가?

◆ 사람들이 당신의 브랜드를 얼마나 중시하는가?

◆ 사람들이 당신의 회사에 호감을 갖고 있고 존경하는가?

◆ 사람들이 당신이 파는 제품과 서비스를 얼마나 중시하고 존경하는가?

◆ 사람들에게 당신의 회사는 무엇으로, 또 어떤 곳이라고 알려져 있는가?

요약하자면, 당신의 회사와, 회사에서 만드는 제품의 특징과 평판이 어떠한가? 당신의 브랜드는 힘을 가지고 있는가?

당신의 회사에서 최고의 제품과 서비스를 제공하고, 당신의 회사가 신뢰받는 기업이라면, 신뢰 과정에 존재하는 유일한 변수는 바로 당신이다!

어려운 질문을 하나 하겠다.

고객과 당신의 관계에서 당신은 지금 신뢰받는 조언자의 지위에 도달했다고 생각하는가? 나는 당신이 고객에게 신뢰받는 조언자가 되기를 바란다. 하지만 이보다 더 중요한 질문은, 고객들은 당신을 어떻게 생각하는가?

다시 말하지만, 당신이 어떻게 생각하느냐가 중요한 것이 아니라 고객들이 당신을 어떻게 생각하느냐가 중요하다. 고객들이 당신을 어떻게 생각하고, 고객들이 당신을 어떻게 부르고, 고객들이 당신을 어떻게 평가하는가? 고객들이 당신에 대해 어떻게 말하고, 당신을 얼마나 존경하고, 왜 당신에게 전화하는가? 그리고 아주 당연한 질문, 고객들이 당신을 얼마나 신뢰하는가?

다음은 세일즈맨 또는 세일즈 매니저로서 당신이 도달할 수 있는 수준들이다.

◆ 세일즈맨

◆ 컨설턴트

◆ 조언자

◆ 전략 고문

◆ 신뢰받는 조언자

◆ 신뢰받는 조언자인과 동시에 자산

명심하라. 이 모든 것들이 당신의 직함이 되는 건 아니다. 하지만 당신이 맡아야 할 역할이자 고객들이 생각하는 당신의 지위이다. 명함에 '컨설턴트'라고 적혀 있다고 해서 당신이 컨설턴트인 것은 아니다. 당신의 직함에 대한 증명은 고객들도 당신을 그렇게 생각하느냐이다. 고객들이 당신에 대해 느끼는 인식이 당신의 실제 모습이다.

자신에게 물어야 할 가장 중요한 질문은, "고객들의 마음속에 신뢰받는 조언자라는 지위를 얻고 이를 확고히 하기 위해 나는 무엇을 하고 있는가? 고객과의 관계를 발전시키고 신뢰받는 조언자로서 자신의 지위를 강화하기 위해 내가 할 수 있는 일은 무엇인가?"이다.

신뢰받는 조언자가 되는 것은 좋은 관계를 유지하는 것 그 이상이다. 신뢰는 관계의 기초이며 바탕이다. 신뢰는 시작에 불과하다.

나는 방금 당신이 곰곰이 생각해 보고 답해야 하는 의미 있는 질문을 던졌다. 그 질문들은 들어서 결코 좋을 것 없는 답변들이다. 이미 당신이 알고 있고 실천하고 있어야 하는 것이다!

그러나 여기서 결정적인 질문을 하자면, "당신은 모든 고객들을 위해 항상 최선을 다하는가?"

최선을 다하지 않으면 절대 신뢰를 얻을 수 없다.

신뢰를 얻고 신뢰받는 조언자의 지위를 얻으려는 당신의 노력이 성공하도록 돕는 실천 단계와 현실적인 것들을 적어 봤다.

- 신뢰받는 조언자의 지위를 가장 잘 보여 주는 고객들의 리스트를 만들어 보라.
- 신뢰받는 조언자의 지위를 얻게 해 주었다고 생각되는 당신만의 특징을 적어 보자.
- 의사를 결정하는 모임에 참석해 달라고 당신에게 부탁하는 고객들의 리스트를 만들어 보자.

그리고 마지막으로, 신뢰받는 조언자로서의 지위를 높여 주는 요소, 전략, 또는 능력 세 가지를 적어 보라. 그리고 이 부분에 대해서 더 열심히 노력하겠다고 자신과 약속하라. 특히 고객들의 의사 결정 모임에 참석할 수 있게 해 주는 요소들에 더 집중하라.

신뢰받는 조언자가 되는 것의 가치란 이런 것이다. 표면적으로는 고객의 거래처이지만 실질적으로는 고객의 비즈니스 파트너다!

- 입찰자가 아니라 신뢰받는 조언자이다.
- 남들 앞에서 프레젠테이션을 하는 사람이 아니라 가치 있는 자산이다.
- 제품을 반복해서 찍어 내는 기계가 아니라 제품 생산의 전문가이다.
- 판매하는 사람이 아니라 이익을 창출하는 사람이다.

신뢰받는 조언자는 프레젠테이션을 하려고 로비에 서서 기다리는 사람이 아니다. 신뢰받는 조언자는 사람들이 먼저 찾아 주고 그들의 구성원으로 반겨 준다.

신뢰받는 조언자가
되는 요소

신뢰받는 조언자가 되는 요소에는 어떤 것들이 있는가? 이 요소들이 성공으로 나아가는 전략이지만 결코 쉬운 것들은 아니다.

◆ 신뢰받는 조언자는 공급자나 거래처가 아니라 가치 제공자이다.

◆ 신뢰받는 조언자는 비즈니스 발굴보다 비즈니스를 형성하고 실행하는 일에 집중한다.

◆ 고객은 신뢰받는 조언자를 친구로 생각한다.

◆ 신뢰받는 조언자는 사랑과 존경, 그리고 신뢰를 받는다.

◆ 신뢰받는 조언자는 고객에게 가치 있는 정보를 전달한다.

◆ 신뢰받는 조언자는 신뢰와 가치 있는 정보를 통합하는 능력이 있다.

◆ 신뢰받는 조언자는 고객이 처한 상황을 잘 이해하고, 고객의 최선을 위해 이

상황을 바로잡으려는 의지가 있다.

◆ 신뢰받는 조언자는 고객으로부터 권한을 부여받으며, 그 권한을 실천하려는 의지가 있다.

◆ 신뢰받는 조언자는 단순히 고객의 비용 절감을 넘어 이익을 창출할 수 있게 돕는다.

◆ 신뢰받는 조언자는 고객과 만나는 시간을 늘리고자 그 방법을 찾는다.

◆ 신뢰받는 조언자는 영업 수수료 때문이 아니라 고객과의 관계를 바탕으로 결정을 내린다.

◆ 신뢰받는 조언자는 강연이나 회의에 초청을 받는다. 강연에서 학생들의 학습을 돕고 회의에서는 올바른 결정을 돕는다.

신뢰받는 조언자에게는 전문가의 근성, 친절함, 능력, 제품 지식, 그리고 전문 지식이 있다. 그들은 해당 분야의 전문가이자 커뮤니케이션의 전문

"이 안경에 대해 말씀 드리자면, 다른 사람이 당신을
어떻게 보는지 직접 확인할 수 있는 특수 안경입니다!"

가이기도 하다.

위의 요소들은 최소한의 것, 즉 신뢰받는 조언자의 직함을 얻게 해 주는 가장 기본적인 조건이다. 신뢰받는 조언자라는 지위를 얻으려면 이 기본 요소들을 당신의 지식과 통합시켜야 한다. 고객의 비즈니스에 대한 당신의 지식과 통합시켜야 하고, 당신의 제품과 서비스를 고객들이 어떻게 활용하고, 무엇을 생산하고, 어떻게 혜택과 이익을 얻는지에 대한 지식과도 통합시켜야 한다.

이 밖에도 실제로 이런 일들을 할 수 있는 당신의 능력을 고객들이 어떻게 신뢰하고 평가하는지에 대해서도 알아야 한다.

당신이 이러한 자격이 있음을 고객이 반드시 알아야 한다. 그렇지 않으면 경쟁자가 문을 열고 들어와 자신의 지위를 만들려고 할 것이다.

신뢰받는 조언자는 경쟁자들이 절대 가까이 오지 못하게 막는다. 또한 고객 만족을 고객 충성으로 잇는 다리의 역할을 한다.

'누구'와 '왜'를 생각해 보자

만약 고객이 당신을 좋아하고, 믿고, 당신에 대한 확신이 있다면, 고객은 당신을 통해 구매할 것이다. 당신을 좋아하는 마음이 곧 신뢰로 이어지는 것이다.

당신이 가장 신뢰하는 조언자 세 명을 생각해 보자. 장담하건대 세 명 모두 당신이 좋아하는 사람일 것이다. 심지어 사랑하는 사람도 있을 것이다.

지금쯤이면 신뢰받는 조언자가 무엇을 의미하는지 조금은 이해했을 것이다. 또 신뢰받는 조언자의 지위를 얻는 요소들에 대해서도 이해했을 것이다. 이제는 계획을 세우고 실천할 때이다. 그러면 당신도 신뢰받는 조언자의 지위를 얻는 전문가가 될 것이다.

첫째로, 당신과 가장 가까운 지인 열 명의 이름을 적어 보자. 자신만의 순위를 만드는 것이다. 순위권에 있는 사람들은 가장 가치 있는 사람들이고, 당신은 이들로부터 신뢰받는 조언자가 되고 싶을 것이다.

열 명의 사람들 외에 당신이 신뢰받는 조언자가 되고 싶은 고객의 이름을 더 적는다. 그런 다음 방금 쓴 이름 옆에 다음의 다섯 가지 질문에 대한 답변을 적어 보자.

1. 이 고객에게 가치를 부여하기 위해 당신은 어떤 노력을 하고 있는가? 리스트로 만들어 보라.

2. 고객을 위해 당신은 어떤 아이디어를 내고 있는가? 지난 3개월 동안 생각해 낸 최고의 아이디어들을 적어 보라.

3. 당신은 고객의 생산성을 어떻게 높이고 있는가? 실제 있었던 일에 대해 한 문단 정도 써 보라.

4. 실제로 창출해 낸 이윤이 얼마나 되는가? 절감된 비용을 말하는 것이 아니다. 고객에게 돈을 더 벌어 주기 위해 당신은 무엇을 했는가? 좀 더 쉽게 말해서 고객이 돈을 버는 데 당신 또는 당신의 제품이 어떻게 작용했는가?

5. 당신의 아이디어를 통해 얼마나 많은 효과를 보았는가? 당신의 조언과
컨설팅이 얼마나 많은 수확을 거두어들였는가?

내가 당신의 어머니나 아버지 또는 직장 상사처럼 행동하려는 것은 결코
아니다. 나는 단지 당신의 관계 형성을 돕고자 노력하고 있다. 당신의 가
치와 충성스러운 관계를 바탕으로 재계약이 성사되게 하려는 것이다. 고
객들이 당신의 가치와 신뢰를 깨달아 진실한 관계가 형성될 수 있게 노력
하고 있는 것이다. 당신을 비난하려는 것도 절대 아니다. 당신이 가지고
있는 가치, 당신이 얻은 신뢰를 위함이다.

위의 다섯 가지 질문은 신뢰받는 조언자가 되기 위한 핵심 사항이다. 이
질문에서 가장 어려운 점은 '진실하게 답하는 것'이다. 그런 다음 현재 자
신의 위치와 자신에게 필요한 것을 깨닫고 날마다 노력해야 한다.

아래의 테스트를 통해 당신의 위치, 관계, 그리고 평판을 확고히 하려면 무엇을 해야 하는지 알 수 있게 된다.

1=절대 아니다. 2=거의 아니다. 3=가끔 그렇다. 4=자주 그렇다. 5=항상 그렇다.

■ 나는 가치 제공자이지 공급자나 협력 업체가 아니다.

1 ☐   2 ☐   3 ☐   4 ☐   5 ☐

■ 나는 고객을 위해 비즈니스 발굴보다 비즈니스 형성과 실행에 집중한다.

1 ☐   2 ☐   3 ☐   4 ☐   5 ☐

■ 고객들은 나를 친구로 생각한다.

1 ☐   2 ☐   3 ☐   4 ☐   5 ☐

■ 나는 사랑받고, 존경받고, 신뢰받는 사람이다.

1 ☐   2 ☐   3 ☐   4 ☐   5 ☐

■ 나는 고객에게 가치 있는 정보를 제공한다.

1 ☐   2 ☐   3 ☐   4 ☐   5 ☐

■ 나는 신뢰와 가치 있는 정보를 통합할 수 있다.

1 ☐   2 ☐   3 ☐   4 ☐   5 ☐

■ 나는 고객이 처한 상황을 이해하고, 이를 바로잡고자 노력할 의지가 있다.

1 ☐   2 ☐   3 ☐   4 ☐   5 ☐

■ 나는 고객으로부터 대행 권한을 부여받았고, 그 권한을 이행할 의지가 있다.

1 ☐   2 ☐   3 ☐   4 ☐   5 ☐

■ 나는 고객의 비용 절감뿐만 아니라 이익 창출을 돕는다.

| 1 ☐ | 2 ☐ | 3 ☐ | 4 ☐ | 5 ☐ |

■ 나는 고객과 직접 만나는 시간을 더 많이 가지려고 노력한다.

| 1 ☐ | 2 ☐ | 3 ☐ | 4 ☐ | 5 ☐ |

■ 나는 영업 수수료 때문이 아니라 고객과의 관계를 바탕으로 결정을 내린다.

| 1 ☐ | 2 ☐ | 3 ☐ | 4 ☐ | 5 ☐ |

■ 나는 항상 강연이나 회의에 초청받는다.

| 1 ☐ | 2 ☐ | 3 ☐ | 4 ☐ | 5 ☐ |

■ 내가 회의에 초청받는 이유는 올바른 판단과 최선의 결정을 할 수 있게 돕기 때문이다.

| 1 ☐ | 2 ☐ | 3 ☐ | 4 ☐ | 5 ☐ |

이 테스트에서 점수는 큰 의미가 없다. 하지만 1번이나 2번, 또는 3번에 표시한 질문들을 확인해야 한다. 이 부분이 바로 당신의 약점이다. 이 테스트를 통해 이제 당신이 어느 부분에서 더 노력해야 하는지 확인되었을 것이다.

관여의
힘

신뢰받는 조언자는 실천하는 사람이다.

실천의 또 다른 의미는 '일하다.'이다. 당신도 신뢰받는 조언자들이 하는 실천을 시작해 보라.

신뢰받는 조언자로 임명받은 사람으로서 달인이 되기 위해서는 반드시 관여하는 자세를 가져야 한다.

◆ 신뢰받는 조언자는 공통점, 상호의 관심사를 찾음으로써 관여한다.

◆ 신뢰받는 조언자는 질문을 던져 궁금증을 극대화시킴으로써 관여한다.

◆ 신뢰받는 조언자는 고객이 이기는 방법을 이해함으로써 관여한다.

◆ 신뢰받는 조언자는 자신의 제품 또는 서비스의 가격을 자신 있게 제시한다. "존스 씨, 저희는 공정하고 안정된 가격을 제공합니다." 라는 말도 덧붙이며 관여한다.

내 경험에 비추어 볼 때 세일즈맨들이 가격을 할인하면 두 가지 측면에서 믿음을 잃게 된다. 가격에 대한 고객의 믿음과 가격에 대한 세일즈맨의 믿음이 사라지는 것이다.

당신이 하는 말들이 고객에게 어떤 방법으로 긍정적인 영향을 주는가? 그 가치는 어디에 있는가? 이윤은 어디에 있는가? 고객이 진심으로 당신에게 그 가격을 지불할 가치를 느끼는가?

만약 고객이 관심을 보인다면,

그 관심의 일부는 바로 당신이다.

신뢰받는 조언자는 가치를 바탕으로

관심을 끄는 사람이다.

－제프리 지토머

능숙해지려면
노력하라

자신이 종사하는 분야에서 달인이 되기 위한 작전을 소개한다. 매주 고객을 방문하라. 3~5명 정도의 중요한 고객이나 지인을 찾아가라. 그들에게 신뢰받는 조언자가 되기 위한 사항을 한 가지 이상 실천하라. 아이디어를 생각해 내고, 그들의 생산을 늘릴 수 있는 방법을 제안하라. 그들에게 줄 수 있는 가치, 이윤이 될 수 있는 것은 무엇인지 생각하라. 신뢰를 쌓을 수 있는 것을 제안하라는 말이다.

그들과 함께 식사를 하면서 대화하라. 관계로 이어지는 친분을 쌓아라. 또한 그들의 진정한 관심사와 니즈를 볼 수 있도록 신뢰를 쌓아야 한다.

신뢰받는 조언자는 제품과 서비스가 전부가 아니라는 것을 잘 안다. 당신이 고객에게 소프트웨어를 판매했다고 하자. 여기서 중요한 점은 그 소프트웨어를 어떻게 사용하고, 소프트웨어 사용으로 하드웨어의 위력을 얼마나 극대화시키느냐이다. 또한 신뢰받는 조언자는 고객이 가장 중요시하는 것이 데이터의 안전과 보호라는 것을 잘 안다. 신뢰받는 조언자는 생산성과 이윤이 동등하게 중요하다는 것을 잘 안다.

모든 제품과 서비스에도 같은 조건이 적용되므로, 당신이 파는 제품도 예외는 아니다.

작전의 또 다른 일환으로, 상위권에 있는 지인과 인맥이 있는 사람들에게 매주 가치 있는 메시지를 보내야 한다. 현재 당신이 이들에게 가치 있는 이메일 또는 '이번 주 최고의 아이디어'와 같은 메시지를 보내고 있다고 하자. 그 메시지를 모든 고객들에게 보낸다면?

신뢰받는 조언자라는 명성에 걸맞은 달인이 되기 위해서는 반드시 공동체의 일부가 되어야 한다. 지역 사회 혹은 비즈니스 공동체에서 당신은 눈에 띄는가? 당신이 공동체의 리더가 되거나 좀 더 자발적으로 모임에 참여해 다른 사람들을 도와야 한다.
주의할 점은 시간을 잘 분배하는 것이다. 일단은 자신의 성공을 중심으로 좀 더 많은 시간을 투자하라. 없는 시간까지도 짜내서 헌신하겠다고 해서는 안 된다. 그 첫 번째 방법으로 자선단체나 집짓기와 관련된 활동, 아이들을 돕는 일을 한다. 또는 사람들의 건강을 위한 일이나 환경 단체

"당신은 누구를 믿겠습니까? 저처럼 지식이 풍부하고 전문적인 세일즈
훈련을 받은 사람인가요? 아니면 고객 서비스나 제품 안전성을
한탄하다가 인생을 낭비하는 불만투성이들을 믿으시겠습니까?"

활동에 참여한다.

이 모든 것을 능숙하게 해내기 위해서 몇 년의 시간이 걸릴 수도 있으므로 인내심을 가져라. 기나긴 시간이 되더라도 그 시간 동안 평생의 성공 습관을 익힐 수도 있다.

나는 방금 효과 있는 작전 계획 하나를 말했다. 당신이 이를 실천할 생각이 있는지는 모르지만 당신 또한 신뢰받는 조언자가 되는 최고 수준의 길을 걸을 수 있다. 당신이 피나는 노력을 한다면 신뢰받는 조언자가 되기에 충분하다.

신뢰받는 조언자가 되면 세일즈가 쉬워진다. 사람들은 당신의 회사뿐만 아니라 당신에게서도 구매를 하게 된다. 그러나 신뢰받는 조언자가 되기 위한 노력에도 모순이 있다. 판매를 쉽게 하기 위해서 당연히 치러야 하는 대가, 즉 노력과 실천을 세일즈맨들이 하려고 하지 않는다. 제발 당신은 그런 사람이 아니길 바란다.

이제 신뢰받는 조언자가 되는 가장 강력한 요소를 말하려고 한다. 하지만 나는 당신이 그 과정의 달인이 될 때까지 기다릴 것이다. 이 말은 곧 고객과 더 자주 만나고, 신뢰받는 조언자가 되기 위한 요소들이 당신의 것처럼 느껴질 때까지 더 열심히 '노력'하라는 뜻이다. 그리고 다음 수업을 할 준비가 되었다면 자, 한번 해 보자!

신뢰받는 조언자는 멈추지 않는다

앞에서 말했듯이 신뢰받는 조언자가 되는 것은 누구나 가능하다(그 경지에 이르기까지 피나는 노력을 한다면). 도달하기만 하면 더 많은 판매를 할 수 있는데도 피나는 노력을 하지 않는다.

이 말은, 당신이 신뢰받는 조언자로서 높은 경지에 도달할수록 훨씬 쉽게 세일즈를 할 수 있다는 것이다. 그리고 이 지위에 도달하기 위해서는 많은 노력이 필요하다는 의미이다.

당신이 하는 행동이 고객이 장기적으로 많은 관심을 가지고 있는 것이어야 한다. 판매 할당량을 위한 일시적인 행동이어서는 안 된다. 고객은 당신의 조언이 자신의 생산성과 이윤에 도움이 될 것이라고 기대한다.

세일즈맨들이 단기적이고 세일즈 중심적인 행동을 하는 데는 이유가 있다. 영업 라인이 없기 때문이다. 신뢰받는 조언자라면 이런 경우가 흔치 않은데. 그렇지 않은가?

신뢰받는 조언자가 되기 위한 사항들을 완벽히 배우려면 먼저 실천의 달인이 되어야 한다. 그런 다음 배운 것을 지속적으로 실천해야 한다.

신뢰받는 조언자가 되는 데 있어서 중요한 것은 당신의 믿음직함과 일관된 언행이다. 당신이 이러한 요소를 갖추었다면, 고객이 해결책을 구할 때 찾는 사람은 바로 당신이다.

실천 요소들을 마스터했다고 해서 당신이 완벽함을 의미하는 것은 아니다. 단지 당신이 훌륭한 인간 수준에 도달했다는 것을 의미한다.

모든 사람들은 실수를 한다. 중요한 것은 자신의 실수에 어떻게 책임을 지느냐이다. 실수를 남의 탓으로 돌리지는 않는가? 실수를 통해 자신이 얻은 것이 있음을 어떤 방법으로 확인하는가? 다시는 같은 실수를 하지 않으려고 어떻게 하는가?

실천 요소들을 완벽하게 마스터하는 것은 곧 달인이 되는 것과 같다. 한 가지 예외가 있다면 고객들이 당신에게 호감을 느껴야 하고, 당신을 믿어야 하고, 당신을 신임해야 하고, 당신을 신뢰해야 한다. 나아가 대화나 상황에 대한 통제력을 가지지 못하더라도 여전히 그 상황을 압도할 수 있을 만큼 스스로에게 자신감을 가져야 한다.

신뢰받는 조언자로서, 당신이 판매하는 제품은 고객의 실질적인 니즈와 가치에 부합하는 요소가 있어야 한다. 신뢰받는 조언자는 이 부분에 대해 이미 능수능란하다.

또한 신뢰받는 조언자는 자신의 존재를 고객에게 정당화할 필요가 없다. 이미 고객에게 의심의 여지없이 자신을 증명했고, 충성심까지도 얻었다.

세일즈맨들은 항상 고객의 자격을 평가한다. 그러나 신뢰받는 조언자는 고객이 자신의 자격을 평가하고 있다는 것을 잘 안다.

신뢰받는 조언자는 세일즈나 재계약을 진행할 때 혹시나 거래가 끊어질까 걱정하지 않는다. 신뢰받는 조언자는 아이디어와 가치, 해결책을 가지고 있으며, 고객과 기업, 그리고 자신의 이득을 얻기 위한 욕망을 가지고 계약에 임한다.

전문가 수준이 된 신뢰받는 조언자라면, 이해란 서로 주고받는 것임을 잘 안다. 고객을 이해해야 하고 반대로 고객도 조언자를 이해해야 한다!

다음의 사항은 그 밖의 마스터 아이디어와 전략들이다.

◆ 가장 친한 친구와 이야기하듯이 대화하라.

◆ 진지함과 유머를 잘 조화시켜라.

◆ 항상 침착하라. 항상 자기 본연의 모습으로 돌아와야 한다.

◆ 긍정적으로 행동하라. 지식과 도움에 있어서 긍정적이어야 한다.

◆ 마음을 편안하게 가져라. 신뢰받는 조언자는 해결책이 있기 때문에 절대 허둥대지 않는다.

실천 요소들을 숙달 수준까지 익힌 사람이라면 '신뢰받는 조언자'라는 것이 하나의 직함이나 자신을 위한 명성이 아니라는 것을 잘 안다. '신뢰받는 조언자'라는 것은 자신의 말, 행동 그리고 업적으로 얻는 것이다.

당신이 신뢰받는 조언자의 어느 단계에 와 있는지 알 수 있는 두 가지 테스트가 있다.

첫째 테스트는 '고객 방문하기'이다. 고객이 있는 곳에 잠깐 방문해서 고객과 즐거운 만남을 가질 수 있는가?

신뢰받는 조언자로서 당신의 지위를 측정하는 또 다른 테스트이자 핵심 테스트는 바로 고객들의 전화이다.

고객이 전화를 하는 이유는 당신이라면 분명 해결책이 있거나 문제를 처리할 수 있을 것이라고 생각하기 때문이다. 그것도 아니면 당신이 그들을 도울 수 있는 유일한 사람이라고 생각하기 때문이다. 이것이 바로 돈으로도 살 수 없는 당신만의 지위이다! 오로지 피나는 노력을 통해서만 살 수 있다!

고객이 당신에게 전화를 하는 것은 소개 판매의 시작이다. 고객은 다른 사람에게 당신을 흔쾌히 추천해 줄 것이다. 왜냐하면 당신이 그 고객에게 했던 것처럼 다른 사람에게도 똑같이 해 줄 것이라고 믿기 때문이다.

신뢰받는 조언자는 당신의 고객, 당신 회사의 명성, 그리고 자아실현에서 가장 높은 단계이다.

신뢰받는 조언자의 지위는 달성하는 것이다. 이 지위에 도달한 사람은 생에 있어서 가장 엄격한 능력 테스트와 인격 발달 테스트를 견딘 사람이다.

자신을 믿는 순간, 어떻게 인생을 살아야 할지 알게 된다.

요한 볼프강 폰 괴테 Johann Wolfgang von Goethe, 1749-1832, 《파우스트 Faust》

PART
7

진실과 신뢰,
그리고 가치

신뢰의
가치

신뢰의 가치를 나타내는 말 중에 생각나는 것이 있는가? 유용한? 상당한 값어치 있는? 금빛 찬란한?

신뢰의 가치를 진정으로 나타내는 말은 바로 '값을 매길 수 없는Priceless'이다. 신뢰는 거대하고, 측정할 수 없는 가치를 지닌다. 신뢰에 '하지 않는다.' 또는 '나는 하지 않는다.'라는 말을 붙이면 그 모든 가치가 사라진다.

"나는 그 사람들을 신뢰하지 않는다."
"나는 내 상사를 신뢰하지 않는다."
"나는 그 사람을 신뢰하지 않는다."
"나는 더 이상 내 남편을 신뢰하지 않는다."
"나는 그 아이들을 신뢰하지 않는다."
"나는 내 자식도 신뢰하지 않는다."

말로 드러내는 불신은 상대방을 낙담시킬 뿐만 아니라 슬픔과 더 큰 불신을 만든다. 신뢰는 힘 있는 존재다. 그 힘을 당신이 가지고 있든 없든 어쨌든 그 힘은 존재한다.

신뢰가 없는 루머, 예를 들어 남들 뒤에서 하는 험담은 타격이 더 크다. 그 이야기가 거짓말이라 해도 이야기가 나오는 순간 누군가는 타격을 받는다.

삶의 모든 관점에 적용되는 신뢰에는 가치가 존재한다. 다음에 대해 깊이 생각해 보고, 이를 실제로 적용해 보라.

직장에서의 신뢰. 이는 당신으로 하여금 책임감을 갖게 하고 더 크게 성장할 수 있게 한다. 즉, 사람들이 필요할 때 찾는 사람이 되는 것이다.

비즈니스 거래에서의 신뢰. 이는 거래를 완성시키고, 판매를 달성하게 하고, 관계 형성을 가능하게 한다.

일상적인 거래에서의 신뢰. 이는 당신에게 매우 가치 있는 사람이라는 강력한 명성을 부여한다.

친구들과의 관계에서의 신뢰. 우정은 모든 관계의 핵심이다. 진정한 친구가 몇 명인지 묻는다면 거의 다섯 손가락 안에 꼽을 것이다. 신뢰는 요구하는 것이 아니라 얻는 것이다. 또한 신뢰는 측정 불가능한 것으로 오로지 그 자체로서 가치 있는 것이다.

가족과의 관계에서의 신뢰. 친척도 가족이다. 명절이나 특별한 날이 되면 친척들과 함께 즐거운 시간을 보낸다. 그들이 당신에게 가지고 있는 신뢰의 가치를 즐겨라.

부모, 형제와의 관계에서의 신뢰. 다른 사람에게 거짓말을 한 횟수를 모두 더한 수보다 부모에게 거짓말을 한 횟수가 훨씬 많을 것이다. "부모님의 마음을 아프게 하려고 한 건 절대 아니에요." 이 또한 자기 자신에게 하는 거짓말이다. 그 누구보다 당신에게 중요한 사람은 바로 가족이며, 당신에게는 그들의 사랑과 지원이 필요하다. 이 또한 얻어야 하는 것이다. 달라고 부탁하거나 요구해서는 안 된다.

배우자나 의미 있는 사람과의 관계에서의 신뢰. 열린 대화와 깊은 감정은 진심과 신뢰에 기초한다. 단순히 신뢰에만 기초하는 것이 아니다. 그 사람을 믿고, 항상 그 사람을 위해 마음을 쓰는 것이 바로 그 가치이다.

자녀들과의 관계에서의 신뢰. 자녀들의 선택, 자녀들의 성공에 영향력을 발휘하고 싶다면, 자녀들의 사랑과 존경을 원한다면, 먼저 그들과 성공적으로 대화하는 것이 신뢰의 핵심이다.

자신에 대한 신뢰. 이 책의 앞부분에서 자신을 신뢰하지 못하면 다른 사람도 신뢰할 수 없다고 말했다. 자신을 신뢰하는 것이야말로 다른 사람을 신뢰하게 하고 신뢰를 꽃피게 한다.

당신의 일생 동안 신뢰를 만드는 일에 투자하라. 그 가치는 당신이 쏟아부은 노력보다 훨씬 크다. 신뢰를 무너뜨리는 일은 절대로 해서는 안 된다. 신뢰를 잃은 후에 회복하려면 너무나 큰 고통을 겪어야 한다.

당신이 가지고 있는 신뢰는 곧 당신을 믿는 능력이다. 그리고 이러한 믿음을 다른 사람들에 대한 신뢰로 전달할 수 있는 용기이기도 하다. 이를 실천한다면, 당신의 삶은 훨씬 풍요로워질 것이다.

진실이 없으면
아무것도 없다

나는 몇 년 동안 호텔 화장실에서 "지구를 구하자."라는 문구를 보았다. 수건 하나를 여러 번 반복해서 쓰라고 적혀 있기도 했다. 수건 하나를 여러 차례 사용하면 상당한 양의 물을 절약할 수 있고 지구의 생태계를 재정비할 수 있다고 한다.

자, 여기서 질문 하나. 호텔이 정말 지구를 구하려고 하는 것일까? 아니면 돈 몇 푼 아끼려고 그러는 것일까? 차라리 솔직하게 내가 수건을 아껴 쓰면 호텔 운영비 몇 푼 아낄 수 있고, 지구 환경에도 좋다고 말하면 어떨까? 왜 솔직하게 말하지 않는 것일까?

나는 오리건Oregon 주 쿠스베이Coos Bay의 한 쇼핑 센터 주차장에 있는 상점 간판을 사진으로 찍어 두었다. 그 간판에는 '우리에게 세상을 변화시킬 능력은 없지만, 당신 차의 기름을 변화시킬 능력은 있다.'라고 적혀 있었다. 이 상점은 정말 많은 사람들로 붐비고 있었고, 고객들의 얼굴에는 미소가 떠나질 않았다.

사명 선언서_{Mission Statement}도 아무런 의미가 없다. 그저 얼마나 훌륭한 회사가 되기를 꿈꾸는지, 그리고 고객들을 얼마나 잘 대접하는지 보여 주기 위한 것이다. 그런 다음 사람들에게 무례하게 행동하고 대부분의 CEO들은 자기 회사의 사명 선언서도 제대로 기억하지 못한다.

거대 기업, 그리고 이들과 일하는 회계 법인들이 파산하는 이유는 그들이 진실을 삭제하거나 누락시키고, 아니면 조작하기 때문이다. 그리고 이 기업들의 CEO 중 상당수가 거짓말과 사기로 수감 중이다.

항공사? 말할 필요가 없을 정도로 이들의 '진실'은 애처로운 처지이다.

정치인들? 위와 같음이다. 사실 정치인들은 항공사보다 더 악질이다. 아마도 최악 중의 최악이고 저급 중에서도 가장 저급일 것이다. 강연 중에 "모든 정치인들이 거짓말을 한다고 생각하시면 손을 들어 보세요."라고 말하면 모든 사람들이 손을 든다. 슬픈 현실이다.

미국의 전 대통령 빌 클린턴_{Bill Clinton}은 섹스에 대해서 거짓말을 했다. 당신역시도 그랬던 적이 있을지 모른다. 국회에 있던 모든 거짓말쟁이들이 함께 모여서는 거짓말을 했다는 이유로 클린턴을 해임하려고 했다. 이봐요들! 직위에 상관없이 모든 정치인들이 진실을 말하라고 소환되면, 그들은 갑

"나를 믿어도 돼. 내 입속을 너에게 보여 주어서 내 말을 증명할게."

자기 기억나지 않는다고 한다. 이보다 더 심한 경우는 수정 헌법 제5조에 따라 묵비권을 행사해서 어떻게든 자신이 관련되는 것을 피하려고 한다. 이 또한 거짓의 또 다른 형태다. 바로 '진실의 보류'라는 거짓에 해당된다. 이렇게 거짓말을 하는 정치인들이 다른 사람들에게 진실을 말하게 하거나 거짓에 대한 대가를 치르게 하는 법을 통과시킨다는 사실이 참으로 아이러니하다. 소비자보호법의 경우 소비자들 입장에서는 큰 도움을 주는 법이다. 하지만 이런 법이 제정되어야 한다는 현실 자체가 참으로 슬픈 일이다. 사람들은 물건을 생산하는 사람이든, 판매를 하는 사람이든 모두 정직하게 일하고 거짓말을 하지 않는다고 생각할 것이다.

하지만 '정직'이라는 말은 세일즈에 있어서 두려운 말이다. '진실' 또한 그렇다. 사람들은 이런 말을 마주해야 한다는 것에 두려워한다. 그리고 나 역시도 그러하다.

당신의 이해력을 높이기 위해 말하는데, 나는 내 자신이 존경이나 경건함을 보여 주는 완벽한 존재라고 절대 생각하지 않는다. 오히려 그런 것들과는 거리가 한참 멀다. 내가 이 책에서 말한 가르침과 사례들 대부분은 나의 불신으로 인해 겪어야 했던 좋지 못한 일들에서 나온 것이다.

어쨌든 우리는 지금 진실과 거짓에 대한 아래의 내용에 동의한 것이다.

'생략'은 거짓말이다.

'그들을 위한 것입니다.'도 거짓말이다.

'그들에게 상처를 주고 싶지는 않았어요.'도 거짓말이다.

'작은 거짓말'도 거짓말이다.

'사실 숨기기'도 거짓말이다.

십계명Ten Commandments에 '거짓말 하지 말라.'는 계명이 있지만 성직자들도 거짓말을 한다. 모든 진실을 말하려면 인격, 확신, 그리고 용기가 필요하다. 또한 모든 진실을 말하기 위해서는 정직과 윤리, 도덕이 필요하고, 모든 것을 털어놓을 준비가 되어 있어야 한다.

겉으로 보기에는 쉬워 보일 수 있다. 요즘 시대에 빌린 10센트를 갚기 위해 머나먼 길을 걸으려고 하는 사람은 없다. 이런 이유 때문에 링컨 대통령이 '정직한 에이브'라는 애칭을 얻게 되었다. '정직한 빌Honest Bill' 또는 '정직한 조지Honest George'라는 말을 들어 본 적은 한 번도 없을 것이다. 이들에게는 이들만의 미덕에 따른 애칭이 따로 있다.

옛날부터 전해 오는 말이 있다. "세일즈맨이 거짓말하는지 어떻게 알 수 있는가?" 정답은 바로 "세일즈맨의 입술이 움직이고 있다."이다. 세일즈 맨들에게 그리 좋은 말은 아니지만 되새겨 볼 만한 의미는 있다.

모든 세일즈맨들, 그리고 모든 기업들은 고객들과 관계를 형성하고자 노력한다. 노력의 최고점은 바로 진실이다. 진실은 관계를 유지하는 비결이며, 관계가 깨지는 이유이다. 진실이 없으면 신뢰도 없다.

진실의 결핍은 곧 신뢰의 몰락이다. 당신이 거짓말을 하고 그 거짓말을 누군가 알아차리거나 거짓이 밝혀지면, 당신은 잃은 신뢰를 되찾기 위해 평생 노력해야 한다. 그것이 가정이든 직장이든(대부분은 가정에 해당할 것이다).

사람들은 이렇게 말한다. "당신은 더 이상 저를 신뢰하지 않는 것 같군요." 또는 "당신은 더 이상 저를 믿지 않는 것 같아요." 이런 말을 하는 이유는 사람들이 당신이 하는 말의 진실성에 의심을 품고 있기 때문이다. 사람들은 이렇게 말하고 싶은지도 모른다. "당신이 하는 말은 한마디도 못 믿겠어요."

과거에 당신이 했던 거짓말 때문에 이번에도 거짓말을 하는 것이라고 생각하기 때문이다.

신뢰와 거짓의 힘을 알고 싶다면, 그리고 이것이 한 사람의 직업과 삶에서 차지하는 의미를 알고 싶다면, 피트 로즈Pete Rose, 로저 클레멘스Roger

Clemens, 배리 본즈Barry Bonds, 그리고 마크 맥과이어Mark McGwire와 관련된 진실
에 대해 생각해 보라. 삼진 아웃의 진실에 대해 생각해 보라!(스포츠 도박 또는
금지 약물을 복용하고 거짓말을 해서 불명예를 안은 야구 선수들이다. -편집자 주)

존경은
'얻는 것'이다

1978년 로드니 데인저필드_{Rodney Dangerfield}
가 코미디 무대에 불쑥 등장하더니 "존경도 못 사고!"라고 외쳤다. 이 말
에 수백만 명의 사람들이 웃었고, 그는 수백만 달러의 돈을 벌었다. 존경
을 사지 못한 다수의 관중들 사이에서 그 말이 공감을 이끌어 냈기 때문
이다. 즉, 직장 종업원, 가족, 또는 고객으로부터 아무런 존경도 받지 못
하는 사람들이 공감을 했기 때문이다. 로드니는 그들의 챔피언이자 '힘없
는 영웅'이었다.

당신은 얼마나 많은 사람들의 존경을 받고 있는가? 당신은 얼마나 존경
받을 만한 사람인가? 당신은 얼마나 많은 사람들의 존경을 모을 수 있다
고 생각하는가?
존경은 아무런 형태가 없다. 하나의 느낌으로 사람들에게서 얻어지는 것

이다. 직장 상사들 역시 존경을 얻어야 한다. 존경을 얻지 못한 상사의 직원들은 이직률이 높다. 하지만 존경을 얻지 못한 상사는 그 이유를 알지 못한다.

존경은 행동과 말을 통해서 얻어지는 것이다. 가령 약속을 지키고, 고객이 요청하기 전에 서비스를 제공하고, 고객의 성공에 좀 더 직접적으로 관여하고, 자신의 책임이라고 할 수 없지만 책임을 지는 것, 이 모두가 존경을 얻게 하는 것이다.

또한 존경을 얻는 것은 별도의 노력이다. 당신이 고객과의 대화나 그 과정에 들이는 별도의 노력의 양이다. 고객은 분명 당신이 자신을 걱정해 주고 있음을 알게 되고, 결국 당신의 노력을 존중하게 될 것이다.

"당신을 존경합니다." 극소수의 사람들만이 이렇게 말한다. 대부분의 사람들은 자신의 존경을 말로써 표현하기보다 이를 증명해 줄 수 있는 무언가를 몸소 하려고 한다. 예를 들어 거래 주문하기, 두 번째 거래 주문하기 또는 소개 판매……. 이 모든 것들이 고객이 당신을 존경하고 있음을 증명하는 것이다. 고객이 당신의 전화를 받고, 회신 전화를 하는 것 또한 존경을 보여 주는 사례다.

존경과 관련된 핵심 단어는 '인간적인'이다. 당신의 행동은 얼마나 인간적인가? 대화할 때의 당신은 얼마나 인간적인가? 당신과 다른 사람과의 관계에서 인간적일수록 더 많은 존경을 얻게 될 것이다.

존경에 관해서 한 가지 비밀이 있다. 당신이 이 비밀을 완벽히 이해하면 앞으로 어느 자리에 가더라도 존경받는 분위기를 조성할 수 있다.

그 비밀은 다른 사람들의 존경을 얻기 위해서는 자기 자신을 먼저 존경하는 것이다. 즉, 자신감을 가지라는 의미이다. 자신이 하는 일을 사랑하고, 남을 돕고자 하는 의지가 있어야 한다. 다시 말해, 자기 자신을 좋아하고 사랑해야 한다. 좋아하는 것과 사랑하는 것은 별개의 개념이다.

자신의 외모, 자신의 세일즈 방식, 자신의 대화 방법은 좋아하는 것이지만, 자기 자신, 자신이 믿는 것, 자신이 되고 싶어 하는 사람, 또는 그 무엇은 사랑하는 것이다.

자신을 사랑하는 것이 스스로를 존경하는 가장 기본적인 방법이다. 그렇다고 해서 반드시 덕이 있는 사람이 되라는 말은 아니다. 나는 확실히 덕 있는 사람은 아니기 때문에 내 자신에 대해 상당한 존경심을 가지고 있다. 말하자면 자신을 위해 옳은 일을 하고, 옳은 행동을 실천하는 것이다. 그리고 방에 들어서는 순간 눈에 보이게끔 자신을 사랑하는 것이다. 당신의 몸에서 보이는 것만큼 마음에서도 선명하게 보이게 하는 것이다. 행동 역시 마찬가지다.

가능하다면 하루 정도 자신을 되돌아보는 시간을 가져 보라. 플립 차트를 준비하고 자기 자신을 위해 했던 좋은 일들을 모두 적어 보자. 그리고 다른 사람들에게 했던 좋을 일들도 적어 보라. 모든 사실을 적어야 한다. 그래야 자신에 대해 스스로 좋게 생각하는 것이 무엇인지, 자신을 사랑하는 점은 무엇인지 쉽게 받아들일 수 있다.

그런 다음 더 좋은 나, 더 강한 나를 만들기 위해 바꾸어야 할 점은 무엇인지 적어 본다. 거울에 비친 자기 모습을 보면 자존감이 부족하다는 것을 느낄 것이다. 또는 자신이 선택한 것들이나 자신의 상황을 바꾸어야 할 수도 있다. 무엇이 되었든 간에 자신이 인정하지 않는다면 절대로 변할 수도, 개선될 수도 없다. 자기 자신을 존중하는 마음을 키우지 않는다면 다른 사람들에게서 얻는 존중 또한 성장할 수 없다.

존경 혹은 존중과 관련해서 흥미로운 사실은 측정할 수 없다는 것이다. 예를 들어 "저를 얼마나 존경합니까?"라는 질문은 없다. 또한 존경은 기회로 시작해서 현실로 끝난다. 존경은 오로지 얻을 수 있는 것이고 시간이 흐름에 따라 천천히 성장하는 것이다.

FREE GITBIT

자존감과 관련해서 더 많은 요소들을 알고 싶다면, www.gitomer.com에 접속해서 회원 등록을 한 다음 GitBit 박스에 'RESPECT'라고 치세요.

항상 옳은 일을 하면 존경을 받을 수 있다.

옳은 말을 하고, 옳은 행동을 하고,

이것이 자신이 할 수 있는

최선이라는 당신의 마음을 믿어라.

무엇보다 당신을 위해서,

그리고 다른 사람들을 위해서.

−제프리 지토머

제 고객이 되어 주셔서 감사합니다!

나의 책도 그렇지만 대부분의 책들이 독자는 알지도 못하는 수많은 사람들에게 감사의 글을 남기며 끝이 난다. 하지만 이 책은 조금 다르다.

내가 표현할 수 있는 가장 큰 감사의 글, 그리고 나의 가장 큰 감사의 빚은 바로 당신, 나의 독자들, 나를 돕는 사람들, 나의 고객들, 그리고 알려지지 않은 친구들이다.

매우 큰 도움이 되었다며 누군가로부터 감사의 이메일을 받기도 하고, 내 책을 통해 많은 것을 배웠다며 야구 카드가 가득 담긴 소포를 받기도 한다. 이러한 것들을 받을 때마다 나는 정말 말로 표현할 수 없는 느낌을 받는다.

하여 감사의 마음과 존경을 담아 이 책의 마지막 감사의 글을 당신에게 바친다.

제프리 지토머는《뉴욕 타임즈》베스트셀러인《세일즈 바이블The Sales Bible》, 《고객 만족은 가치 없지만 고객 충성은 값을 매길 수 없다Customer Satisfaction Is Worthless, Customer Loyalty Is Priceless》,《패터슨의 판매 원칙The Patterson Principles of Selling》, 《세일즈 시크릿 열정Little Red Book of Sales Answers》,《인맥으로 승부하라Little Black Book of Connections》,《예스로 승부하라 Little Gold Book of YES! Attitude》,《설득력으로 승부하라Little Green Book of Getting Your Way》,《팔지 않고 사게 만드는 판매 원칙 33 Little Platinum Book of CHA-CHING!》을 쓴 저자이다.

제프리 지토머는 세미나를 개최하고 세일즈 미팅을 주최하며, 판매와 고객 충성에 대한 트레이닝 프로그램을 운영하면서 지난 15년 동안 연간 120여 회의 프레젠테이션을 해 왔다.

제프리 지토머의 고객으로는 코카콜라, D.R 호튼, 카터필라, BMW, BNG 모기지, 맥그리거 골프, 퍼거슨 엔터프라이즈, 킴튼 호텔, 힐튼, 엔터프라이즈 렌트 에이 카, NCR, 스튜어트 타이틀, 컴캐스트 케이블, 타임 워너 케이블, 리버티 뮤추얼 보험, 웰즈 파고 뱅크, 블루크로스 블루쉴드, 칼스버그 비어, 위소 보험, 노스웨스턴 뮤추얼, 메트라이프, 글래소스미스클라인, AC 닐슨, IBM, 뉴욕 포스트 등이 있다.

제프리 지토머의 칼럼인〈세일즈 무브스Sales Moves〉는 전 세계 95개 이상의 경제 신문에 실리며, 매주 4백만 명 이상의 독자들이 그의 칼럼을 읽는다. 또한 그는 '셀링 파워 라이브Selling Power Live'의 해설자로서, 세일즈와 자기 계발에 대한 세계 최고 권위자들의 지혜를 회원들에게 전하고 있다.

그는 웹사이트 www.gitomer.com, www.trainone.com을 운영하고 있으며, 매일 25,000명의 사람들이 방문하고 있다. 제프리가 운영하는 웹사이트 기반 서비스 교육 프로그램들은 이 부문의 표준으로 인식될 정도로 고객과 업체들로부터 인정을 받고 있다. 트레인원은 고객 중심 온라인 교육 분야의 선도자로 재미있고 실용적이며, 즉시 활용 가능한 제프리의 강의를 들을 수 있다.

제프리가 발행하는 무료 이메일 매거진 《세일즈 카페인》은 매주 화요일 12만 명의 독자들과 아침을 맞이하는 세일즈 모닝콜이다. 제프리는 《세일즈 카페인》을 통해 세일즈 전문가들에게 유용한 세일즈 정보와 전략, 그리고 독자들의 질문에 답변을 제공하고 있다.

1997년 제프리 지토머는 미국강연가협회National Speakers Association로부터 공인 강연전문가상Certified Speaking Professional을 받았다. 이 상은 지난 25년 동안 500명 미만의 사람들에게만 수여한 협회 최고의 상이다.